［SIRIUS（シリウス） VS ORION（オリオン）］

あなたのぜったい知らない地球の完全秘密リスト

招魂の画家／国連支援交流協会
理事長 兼
文化・芸術振興支部長

篠﨑 崇

ヒカルランド

◉漢字は実は人間がつくったものじゃないんです。唯一シリウスのYAPマイナス遺伝子の連中がつくった言語です。でなければ、十一面観音とか、22の11と33の中間の神の秘数とか、できすぎでしょう。アジアの大河が全部日光に流れ着くなんて、設計がなければできることではありません。

◉呪術の「呪」のここ（口）をつなぐと「兕」という字になります。「兕」というのは松果体の形です。松果体というのは、頭の中心にあって、宇宙の霊と交信する受信装置です。それから、ヤタガラス（八咫烏）の「咫」も、つなぐと「兕」になります。松果体です。

◉オリオンは、最終的にシリウスには勝てないということは自覚しています。その証拠として、エジプトのファラオのホルスの目は松果体の形をしています。松果体は神と連結するための受信装置です。

◉「心」、不思議な形をしていると思いませんか。絶対三神からエネルギーがおりてくるということなんです。宇宙からおりてくる。そこからの象形文字です。

◉死海文書に、将来日本が世界を救うという部分があります。それでフリーメーソンの連中が日本を潰そうと段取りしたのが第二次世界大戦です。エリザベス系列でドイツの科学者から三菱に渡ったのが零戦の設計図です。三菱でつくったものではないんです。

◉第二次世界大戦を仕掛けられて、負けて、日本人洗脳委員会ができて、そして電通ができて、日教組ができて、3S政策で日本が二度と立ち上がれないようにしたはずなんです。

◉ところが2012年から流れが変わった。日本人が世界一の民族として目が覚める時期が来たんです。それで2012年にスカイツリーを建てた。東京タワーはその半分の333メートルです。2分の1にして、エネルギーが出ないように仕組んだはずだったんです。

◉だけど基礎まで含めて666メートルのスカイツリーが建った。日光の五重塔の頂上は海抜666メートルです。

◉神武は関西で治めたけれど、関東には行ってないでしょう。このことが実に重要なクエスチョンなんです。どういうことか。関東には富士王朝というちゃんとした王朝があったんです。だから手をつけられなかった。

◉竹取物語、浦島太郎、金太郎、実は1人の人間がつくっています。安倍晴明（あべのせいめい）です。安倍晴明は何者か。平将門の長男なんです。長女は瀧夜叉姫（たきやしゃひめ）です。瀧夜叉姫は夜叉です。瀧夜叉姫は実は平将門と一緒に尾瀬に行っています。

◉平将門は暗殺されたということになっていますが、実は弟が身代わりになって、将門は尾瀬の岩塔ヶ原（がんとうがはら）に行ったんです。石塔があって、それが将門の墓碑だと言われています。

◉その地下に巨大宮殿があって、それがＵＦＯ基地だったからです。シリウスで守っているものだから、破壊してもデータベースがあるし、逆にオリオン系がそこまでやると大変なことになるので、怖くてできなかった。だから出入り禁止にしたんです。

◉岩塔ヶ原が昭和の中期に出入り禁止になった。昭和の中期に、第二次世界大戦で負けたわけです。それでＧＨＱが封鎖した。岩塔ヶ原には、日本の天皇のルーツと日本民族の秘密が刻印されているんです。

◉世界の国々をつくるときに、アフリカをオリオンの聖地、ユーラシアをシリウスの聖地、南米・北米をプレアデスの聖地として役割分担したにもかかわらず、オリオンは掟を破ってユーラシアに攻め入ってローマ帝国やイギリスのエリザベス王朝を築きました。

◉いずれにしても、ルシファーのシリウス文明の叡智がなければオリオン文明の発展はなかった。これがシリウスとオリオンが複雑で微妙な体制になっている理由です。

◉シリウスの叡智でエジプトが生まれ、ファラオの子どものモーゼが、シリウスのユダヤ民族がギザの3大ピラミッドをつくりました。オリオンのモニュメントをシリウスがつくってくれたわけです。

◉ルシファーとオーリーオーンの堕天使2人が手を組んで独自に動き出して、ファラオに対して軍事クーデターを起こしたことにモーゼは嫌気が差して、スーパーゼネコン集団のユダヤの民を連れてエジプトを出ました。これが出エジプトの理由です。

◉3つのUFOで300万人が地球に来たのですが、まだ住める環境ではなかったので、ユーターンしてシリウスに帰っていきました。そのとき一部のシリウス人が残って、地球を担当して、日本をひな形として大陸をつくり上げていったという歴史があります。

◉12支族、プラス、レビ族という別の部族が、ヤハウエの直系、さらに日本の裏の天皇につながる最高ランクのDNA、YAPマイナスです。

◉表向きのフリーメーソン、イルミナティの歴史は、アトランティス文明から来るもので、オリオン系の文明です。しかし、フリーメーソン、イルミナティのルーツはシリウスで、シリウス文明が母体になっています。

◉ノアの洪水の後にシュメール文明が花開きました。シュメールはＹＡＰマイナスの部族がつくった文明です。

◉ノアの洪水の前に、アトランティスとムー大陸があったわけです。アトランティスはムー大陸の植民地です。なぜなら、ムーの原点がシリウスであって銀河連邦で最高ランクなので、どうしても勝てなかった。

◉歴史上、南米をつかさどっている神といえばアヌンナキがいます。ニビルから来たとか言われていますが、実は南米のプレアデス星人、金星人が担当なんです。金星人というのは何者かというと、プレアデスなんです。

◉シリウス人の叡智で月がつくられました。月は誰がつくったか。月は人工天体です。地球に生命を育むためにつくった星です。

◉本土の日本人は、シリウスのＹＡＰマイナスの遺伝子です。

◉北海道と琉球とケルト民族はＹＡＰプラスの民族です。

◉ドルイド教のルーツは古神道になります。万物に精霊が宿るということです。ユーラシア大陸はケルトが担当にされたはずなのに、オリオンの連中が掟破りをしたんです。

◉京都はこの世の都です。日光はあの世の都になります。中禅寺湖は琵琶湖と同じ形です。小さいですけど、百六十何メートルと深いんです。水の量に換算すると琵琶湖と一致します。真ん中にぽつんと上野島というのがあります。出入り禁止です。

◉日本に重要な金鉱山があります。磐梯山、日光、白根山、金の宝庫です。それから富士山。海外の金鉱山の採掘量は1トン当たり4グラムです。日本のいい場所の金山は、1トン当たり40グラム取れます。グレードが違う。

◉結論から言いますと、世界の人類の究極の完成形が日本人です。YAPマイナス、本土にいる人です。42％の人が継承しています。42％以外の人でも、混血のハイブリッド状態でそれを受け継いでいます。そして、アイヌ、琉球、ケルト、ホピ族、それから40年間封印されていたプエブロ族がYAPプラスになります。

◉富士山（蓬萊山）と華厳の滝（養老の滝）に守られた民族である我々が、世界の頂点の民族としてこれから覚醒できるかできないかが、世界が滅びるか滅びないかの命運を握っていると言っても過言ではないです。

カバーデザイン　櫻井 浩（⑥Design）
カバーイラスト　篠﨑 崇
本文イラスト　浅田恵理子
校正　麦秋アートセンター
編集協力　宮田速記
本文仮名書体　文麗仮名（キャップス）

目次

Part 1

特殊な遺伝子YAPマイナスを持つ日本人の出身母星はシリウスBである

24 私が講演会を行うようになった経緯

28 裏の組織はなんとしても精神文明の幕開きを阻止したい！

30 137という数字の秘密

32 地球・月・金星の誕生

35 ＹＡＰマイナスとＹＡＰプラスの遺伝子
41 人は追い込まれると必ずアカシックレコードとリンクする
44 日本列島は世界のひな形
50 ２０１２年、地球は滅びなかった
54 日光があの世の都であり、世界の中心
56 ２０１２年に向けて起きた事件
61 月の裏側はシリウスのＵＦＯ基地でいっぱい⁉
65 アトランティスはムーの植民地、そのムーがシリウスで銀河連邦で最高ランク

Part 2
すべてはヤタガラス、そのヤタガラスに命令しているのは月の裏側のシリウス（ＹＡＰマイナス）

70 神武は富士王朝にはばまれ、関東には来れなかった
75 藤原秀郷・安倍晴明の秘密
80 服部半蔵と「奥の細道」の松尾芭蕉は同一人物!?
85 朝見た夢の話、旧約聖書のヨブ記に秘密が記されている!?
88 世界の全ての宗教は日本の古神道がそのルーツ！
90 スサノオがルシファーで、ツクヨミがオーリーオーン
91 東照宮の陽明門、五重塔、東京タワー、スカイツリーの高さは全て宇宙の秘数

94 相撲とは何か⁉　モンゴル相撲のルーツは源義経だった⁉
101 熊坂流について
102 日本に隠れている金（きん）は世界の半分以上⁉

Part 3

知を封じ、覚醒を阻止する、オリオンの巨大な罠

108 カバラ、セフィロト、11次元はシリウスの産物
114 関東地方はエネルギーの場
116 武道・相撲のルーツと義経
118 出雲の式年遷宮「40年」と伊勢の式年遷宮「20年」はユダヤの歴史を示す⁉
120 富士山の左手と日光の右手で世界を救うエリアとなっている⁉

124 ハリウッド映画も既に日本に完敗宣言をしている!?
128 今は世界の夜明けの時期

Part 4
「科学の終焉」を認めないオリオン、意識の量子飛躍を促したいシリウス！

132 大麻禁止の裏にはオリオンのコカイン利権がある!?
135 私が打倒エルメスでスカーフをデザインする理由
140 宇宙定数が揺いで補うことがわかったとき、全てがお手上げとなった!?
146 オリオンに潰された!? 画期的な長岡半太郎の土星理論

Part 5

宇宙の方程式で心の正体が解き明かされつつある……

156 宇宙の方程式で解き明かされたこと
168 呪術の「呪」、八咫烏の「咫」は「咒」で松果体の意味！
172 日本人はなぜ選ばれた民か!?　「あ行」が母音「い行」が父音。母音と父音の2つがあるのは日本語だけ！
175 シュレディンガー方程式もつまるところ「心の正体」を告げるものである
181 国の予算はついてもスペシャリストでは、世界は救えないのです！
184 宇宙からの神のエネルギー!?　「心」「必」という字が意味すること
188 ペレルマンとワイルズ、2人の超天才の対照的な研究環境に思うこと

Part 6

世界が滅びるか滅びないか⁉ その命運を握るのはＹＡＰマイナスの日本人のみ

300人委員会の暗殺者リスト 196
2012年から一般市民の覚醒が始まっている 199
岡本太郎をビジュアル化 200
『ガリバー旅行記』『天空の城ラピュタ』「エノク書」 202
表向きの都は京都で、本当の神の都は日光なのです 204
テレビ東京は日本国体を守るためにつくられた 208
「結論として」世界の人類の究極の完成形が日本人！ 211

213 質疑応答
213 上賀茂神社と下鴨神社の秘密
215 ヤタガラスの出身は日光の烏山？
218 栃木県に災害がない理由とは？
220 シリウスの後押しによって日本が世界のトップに躍り出る
223 宝積寺の「宝」とは何か⁉
225 封印される技術：がん治療器から不老不死の薬テロメラーゼまで
233 頼みの綱は直感で善悪両方を組み合わせていくこと
242 『虚舟　篠﨑崇作品集』より「魂学符の項」再録

Part 1

特殊な遺伝子
YAPマイナスを持つ
日本人の出身母星は
シリウスBである

私が講演会を行うようになった経緯

皆さん、こんにちは。

私ごとの余談なんですが、2009年に、アメリカのハーバードで行われた世界文化学会で私の画集を発表して、それが皮切りになりまして、2011年、岡本太郎美術館で生誕100年事業として展覧会をやりました。

ところが1分たりともNHKの「日曜美術館」は紹介しない、マスコミも動かない。じゃ、自分で世界展開をやる以外ないということで、とある猛獣のような人間を社員にしまして、1億円以上使い込んで、まったく芽が出なかった。最後は会社のカードでお金を調達して、マレーシアの政府要人を大臣に会わせたりとかいろいろやりましたが、もうこれで人生全て終わりかなと思いました。

私のアートのコンセプトそのものが、亡くなった人の命をこの世に呼び戻すというテーマで、ちょっと普通理解していただけないという思いはありました。ですから、自分が自分のパトロンにならなければ、生きているうちに世に出るチャンスはないと思って、いろいろと努力してきたわけですが、結局、１年半ほど前に、これで全て終わったかなと思って、もともとのうちのガス会社のほうを根本から立て直そうということで、１業種１社のＤｏｉｎｇという組織づくりから入ったんです。

それで、栃木県上三川町のＫＡＮＥＤＡ美容室を前から知っていましたので、オーナーさんに事情を説明しました。基本的に世界がいずれ終焉（しゅうえん）を迎えるときに、日本人が世界を救える唯一の民族だという話をしたところ、５分間ぐらいじっと聞いていまして、「ちょっと待ってください」と言って娘さんを連れてきたんです。

千鶴さんという娘さんはアメリカの同時多発テロのときにちょうどニューヨークにいて、前日にツインタワーで何か仕事をしていたそうです。次の日にあのとおりで、お母さんが危ないから帰ってこいと。そういうこともあって陰謀論についてはかなりアンテナの高い女性です。

仕事中だったので、20~30分でしたらということだったのですが、結局2時間半ぐらい話をして、「篠﨑さんの話は聞きたい方がたくさんいる」と。「いや、そんなことはない。私はやるだけやって、日本、海外含めて、誰もつき合う人もいなくなったし、興味ある人なんかいるはずがない」と言っても、「いや、絶対聞きたい人はたくさんいる」と言うわけです。

そして1週間くらい後に、KANEDA美容室で整髪中のお客さんに、千鶴さんがその話をちょっとしたら、「それは何？ 聞きたい」ということで、1カ月もたたないうちに、KANEDA美容室で何人か集めて私の講演会をやりました。それが1年ちょっと前のことです。

私は毎回、1回で終わりにしようと思っているんです。私は別に陰謀論者でも講演会のプロでもないし、シャーマンでもない。全てのデータを出して終わりにしようと思っているのですが、終わらずに2カ月おきにここまで来てしまった。

そして、だんだんと私が本来最も興味あることをやりたいと思うようになりました。

裏の組織はなんとしても精神文明の幕開きを阻止したい！

私がなぜこういうことに詳しいか。物質文明を精神文明に変えたいというコンセプトは、実は世界の裏の組織から言わせれば、ご法度のテーマなんです。

フリーエネルギーとか原発でも、20年ちょっと前から核分裂ではなくて核融合、JT60も完成しています。その研究員も30年前から私の友達です。

だけど、いろいろな物質を浪費することによって、お金を儲けている集団がいるわけです。その人たちにとっては、精神文明の幕開きというのは非常に避けたいテーマです。結局、マスコミとかメディアの関係も、そういう右へ倣えのコースができていますので、出るはずがないのは目に見えていたんですが、最近、時代がだんだんその方向に向かっているのかなと思います。

実は私は、1年半前に全ての地位も、会社の通帳も印鑑も全部家族に取られてしまって、ルーシーという私の唯一の家族（わんこ）と一緒に暮らしているようなぐあいです。

ただ、1年前に講演会を始めてから、不思議なことが連日のように起きています。国連支援組織のほうからもお誘いがありました。

ニューヨークの国連というのは、ご存じのようにオリオン系の国連です。それを明石さんが30年前に、日本の当時の首相とか大臣とともに、利権をニューヨークの国連から引き離して、シリウスの国連にしたというような組織です。20年ほど前に東京会ができました。

実は今、関係者の理事とかがすったもんだ非常にもめています。どういうことかというと、結論を言うと、裏から統一教会に狙われているのです。国連支援交流協会が統一教会に取られそうなんです。統一教会は韓国ですが、裏はCIA、NSA、もちろんメーソンにもつながる組織です。

137という数字の秘密

歴史をひもとくと、宇宙創成、137億年前にビッグバンで宇宙ができたと言われています。137、実はここに秘密があるんです。1と3と7を足すと11です。

ゲマトリア数秘術でひもとくと、11次元の宇宙に近づいている証拠です。

日本の最高神の十一面観音の数字はここから来ています。

私は西洋の科学者で最高ランクはパウリかと思っているんですが、パウリも137という数字は宇宙の秘数で何としてもひもとけない。いまだに謎なんです。

これを、これに置きかえた学者は誰もいないです。足して11ということを言う人もいない。

天皇家の裏の方と私を会わせるという段取りが進んでいます。裏の天皇というのはご存じですね。ヤタガラスです。ヤタガラスというのは、皆さんなじみがないみたいなんですが、3本足の黒いカラスです。日本サッカー協会のマークにもなっています。

伊勢神宮の主神と言われていますが、伊勢神宮の主神はアマテラスでもある。それがヤタガラスなわけです。外宮が豊受（とようけ）の神です。豊というのは、卑弥呼の第一皇女の名前です。

ヤタガラスとアマテラスは、卑弥呼と置きかえることも可能なんです。Aさんはそう言っています。

地球・月・金星の誕生

宇宙創成以来、ビッグバンが生じて、いろいろな素粒子の世界が全部整い、光の海だった宇宙は、光が電子にかわって取り込まれて物質ができました。一気に宇宙が晴れ上がった状態です。それで物質が生まれてきたわけです。

そのときに地球ができて、大きな3つの乗り物で300万人がシリウスから移り住んできました。1つの乗り物（UFO）で100万人です。そんな大きなのがあるんですかと言う方がいますが、「太陽を回るUFO」で検索してもらえば、地球サイズのUFOが出てきます。

土星のUFOは地球の3倍です。土星は英語でSaturnなんですが、アルファベットの2文字を変えると悪魔のサタン（Satan）になります。そのままだといかにもなので、スペルを変えているんです。サタンは、神によって追いやられたルシファーたちです。でも、ルシファーは、ミカエルと同じくシリウスの王子ですから、たぶん悪さをしないと思うんです。

太陽を回るUFOはエノク降臨です。地球の上にいずれ戻る民族です。これが『天空の城ラピュタ』で伝えられていたものの正体です。

3つのUFOで300万人が地球に来たのですが、まだ住める環境ではなかったので、ユーターンしてシリウスに帰っていきました。そのとき一部のシリウス人が残って、地球を担当して、日本をひな形として大陸をつくり上げていったという歴史があります。

シリウスの叡智(えいち)でつくったのが月です。月は誰がつくったか。月は人工天体です。地球に生命を育むためにつくった星です。

月は400の指数でできています。月の400倍の直径が太陽の直径です。地球から月までの400倍の距離に太陽があります。日食のときにすっぽり当てはまるようにできています。それだけではなくて、1日に400キロ自転しています。

金星人がシリウスから命令されて、木星の大赤斑にある大きな火山（クロノス）から飛び出したのが金星です。金星が月の横を通過していったときに引力でかなり引っ張られて、割れて、水と砂が大量に地球に落ちてきました。これがノアの洪水です。

金星が水・金のところに当てはまって回っています。

金星はプレアデスの連中（プレアデス星人）が担当しました。そしてオリオンの連中がシリウスの叡智で担当したのは地殻変動です。

そうすると、アフリカ大陸がオリオンの担当、南米と北米がプレアデスの担当、ユーラシア大陸がシリウスの担当だったんです。

銀河連邦の協議の結果、シリウスは最高ランクの民族です。

YAPマイナスとYAPプラスの遺伝子

本土の日本人は、シリウス系の遺伝子であるYAPマイナスです。YAPには二重らせんで1つの塩基に300の塩基が乗っていると言われています。1つの遺伝子に300ではなく333の塩基が乗っていると思います。そして二重らせんのもう一方の遺伝子に333。合計して666となります。

オリオン系の人間は悪魔の数字と恐れていますが、シリウスの本質を隠すためだと考えています。

北海道と琉球とケルト民族はYAPプラスの民族です。

冬の夜の10時ごろにオリオン座が真南の上空にきます。オリオン座の三つ星から東にたどったところにある一番明るい星がシリウスです。100年前までシリウスAしか見えなかったんです。

だんだん科学が進んで、Aがどうもゴンドラに揺られるように動いていることが計算で出てきました。何か大きな質量のある見えない星が近くにあって、引っ張られている。スーパーコンピューターができて、計算で発見されたのがシリウスBです。白色矮星といって光っていません。星が燃え尽きた後、だんだん縮んでいったものです。

シリウスAは、太陽の直径の3倍ぐらいの大きさです。シリウスBは地球の2倍から3倍の大きさです。質量はほぼ同じです。ということは、シリウスBは地球の大体1万倍の質量があります。日本人の本土のYAPマイナスの方は、生まれがここなんです。

1万倍では生きていられないと思うでしょう。でも深海で魚は生きています。外側が1万倍で、体内も1万倍だったら潰れません。ただし、大きな変化が生じます。DNAに影響します。

それで生まれたのがYAPマイナスという特殊な遺伝子です。シリウスAは、そこまでの遺伝子ではないんです。別にアイヌとか琉球の方を蔑視するわけではありませんよ。

ケルト民族もＹＡＰプラスの民族です。

ネイティブアメリカンもＹＡＰプラスです。

ホピ族は有名ですけれど、実は40年前まで封印されていた部族がいます。プエブロ族といいます。40年前まで、アメリカで儀式から何から禁止されていた部族です。抹殺されていた部族で、１００年間にわたってプエブロ族の言語を使うことを許されなかった。ということは、プエブロ族は何かの秘密を持った部族なんです。

それが今、明るみに出てきました。

その教えをひもとくと、ドルイド教と同じ宗教なんです。ドルイド教というのは、ご存じのようにケルト民族の宗教です。

そして、ドルイド教のルーツは古神道になります。万物に精霊が宿るということです。

ウォルト・ディズニーはケルトの秘密を知っていたんです。それを研究して、『白雪姫と7人のこびと』とかをつくった。ストーンヘンジもケルトがつくったものです。

アーサー王の伝説で、岩に剣が突き刺さっていて、将来王となるべき者だけが抜くことができる。それをアーサー少年がすっと抜いた。これも実はケルト神話なんです。

2016年あたりにイギリスがEUからの離脱の是非を問う国民投票をしたでしょう。そして、アイルランドとも仲が悪くなった。

もともとケルトはイギリスで封じ込めておくことができない民族です。なぜなら、日本がルーツの民族なんです。白人とは違います。

もともとユーラシア大陸はケルトが担当にされたはずなのに、オリオンの連中が掟破りをしたんです。アフリカだけでは物足りなくて、ユーラシアに攻め込んで、部族をどんどん追い込んでしまった。そういう歴史があるわけです。

そうしたときに、歴史上、南米を司っている神といえばアヌンナキがいます。

ニビルから来たとか言われていますが、実は南米のプレアデス星人、金星人が担当なんです。金星人というのは何者かというと、プレアデスなんです。

地球上に一番最初にできた大陸がウルです。これは小さかった。そして3億年後に、もう一回ウルという大陸が生まれました。ウルとウルでウルル、これがオーストラリアのウルルの語源です。

ウルルの謎

← ULULU →（エアーズロック）

アボリジニの聖地

高さ　335m（秘数　11）富士山の半分（22）

周囲　10km（9＋1）残り1kmに人の聖域を残す

エアーズロック→ウルルに改名

（アボリジニが聖地奪還）

2019年10月26日に出入り禁止（秘数　21）

（富士山の秘数22の下）

（厳島神社　廿日市市20＋1＋1＝22）

地球第1期大陸　ウル（30億年前）

地球第2期大陸　ウル（25億年前）

2大陸のウル→ウルル

人は追い込まれると必ずアカシックレコードとリンクする

私が話すことの3分の1くらいは、インターネットとか陰謀論者が誰も言っていないことになります。映像化、ビジュアル化で私が見たものをつないできました。

18年ほど前、命の原点を探るために夜もあまり寝ないでやっていて、ガスの配送中、睡眠不足がたたりまして、山の中で2度、3度倒れました。3度目に倒れたときに、真っ赤に夕焼けになって、それから意識が三途の川の中間にいる感じで、あの世の光景とこの世の光景がビジュアルでいつも見られるようになりました。

あの世はすばらしいです。あのとき見た光景だと、三途の川は幅50メートル、深さ30センチぐらいで、さらさらと透明な冷たい水が流れています。小砂利の上に裸足で立ってあの世を見ると、小高い地ぶくれ山がたくさんありまして、下が光っています。砂金の帯です。見たこともないような果物、見たことないような極彩色の鳥が飛んでいて、非常に派手な格好をして、笑顔で皆さんが会話しています。

この世を振り向くと、グレーゾーンなんです。冷たい風が吹いていて、みんな襟を立てて、会話もしないで往来している。あの世がいいから行きたいかというと、行くという気はしない。この世に戻ろうともしない。

命を失うかどうかまで行ったときに、人間はアカシックレコードのどこかにリンクするんですね。私の場合は映像です。7歳からアートをやっていますので、ビジュアルの世界でリンクするようになりました。

アカシックレコードなんてあるのかと思うかもしれませんが、人によっては計算式でリンクする人もいます。エドガー・ケイシーのようにリーディングもあります。

ケイシーは、少年のときに生きるか死ぬかの大怪我をしたんです。お母さんが大騒ぎしていると、横でこういう治療をすれば助かるよとエドガー・ケイシー少年が報告して、そのとおりにして助かったんです。

エドガー・ケイシーは医療部門、体の生命にかかわる部分でアカシックレコードにリンクした人です。

それをもてはやして、膨らませて、最終的には日本が地殻変動で沈むということまで予言させられた。これは明らかにオリオンの陰謀です。

日本列島は世界のひな形

日本列島は沈みません。神の国ですから。

日本列島はこんなふうにできています。

シリウスの命令で、北海道が北アメリカの形、本州はユーラシア大陸を引き伸ばした形、九州は南米とアフリカの形になっています。そして四国がオーストラリアで淡路島がニュージーランドです。阿蘇山がキリマンジャロの位置、そして富士山がエベレストの位置になっています。伊豆半島がちょっと飛び出たところがインドなんです。

インドがぶつかったことによってヒマラヤが隆起して、偏西風がぶつかった。偏西風の通り道は砂漠になるところ。偏西風がヒマラヤにぶつかり、インド洋を

地理学上より見たる日本と世界の比較対応地図

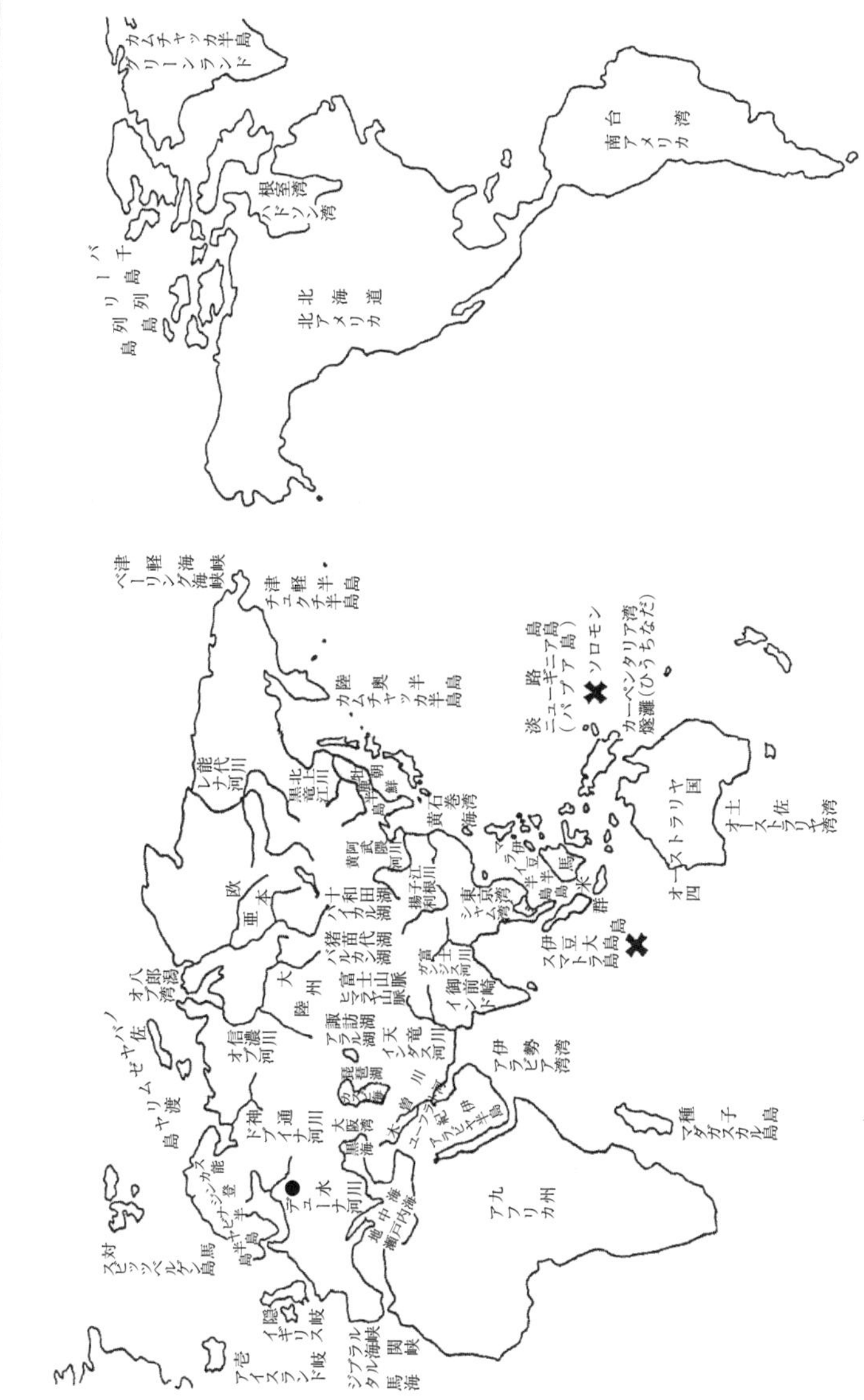

『出口なお　王仁三郎の予言・確言』より

迂回して、インド洋の亜熱帯の水蒸気をたっぷり含んでやがて日本の山脈にぶつかり水のある国にしてくれたんです。伊豆半島がぶつかったことによって生まれたのが富士山です。能登半島がスカンジナビア半島です。ちゃんと世界のひな形にできているんです。

空を見上げると、冬の星座で絶対三神の三角形があります。オリオンの上のベテルギウスとシリウスとプロキオンが正三角形になっています。シリウスはおおいぬ座の星です。上のプロキオンはこいぬ座です。おおいぬから見たこいぬはしもべです。こっちはシリウス系なんです。

問題はオリオン系です。

オリオン系の奥に、三つ星から約7倍の距離のところに、スバル（プレアデス）があります。このオリオンとプレアデスが地球に来たわけです。

日本列島には、大きく7つのオリオンの霊的な拠点があります。仙台と広島は入っていません。そこが狙われるわけです。広島には原爆が落とされ、仙台は津波で狙われました。霊的なポイントになってないのが大きなポイントなんです。

旧約聖書
ヨブ記 38 章 31 節

「あなたはプレアデスの鎖を結ぶことができるか？」

「オリオンの綱を解くことができるか？」

ケテル＝神

グアト＝プレアデス

ティファレット＝シリウスＹＡＰ－

イエソド＝シリウスＹＡＰ＋

マルクト＝オリオン

私がいろいろとやってきたときに、実は関東地方、栃木県、群馬県、福島県、それに東京、これが今後世界を救えるエリアなんです。

2016年にヒカルランドから出版された新装版の『ガイアの法則』はすばらしい本です。I巻、II巻があるんですが、千賀さんもよくここまで書きましたね。暗殺されないでよかったです。

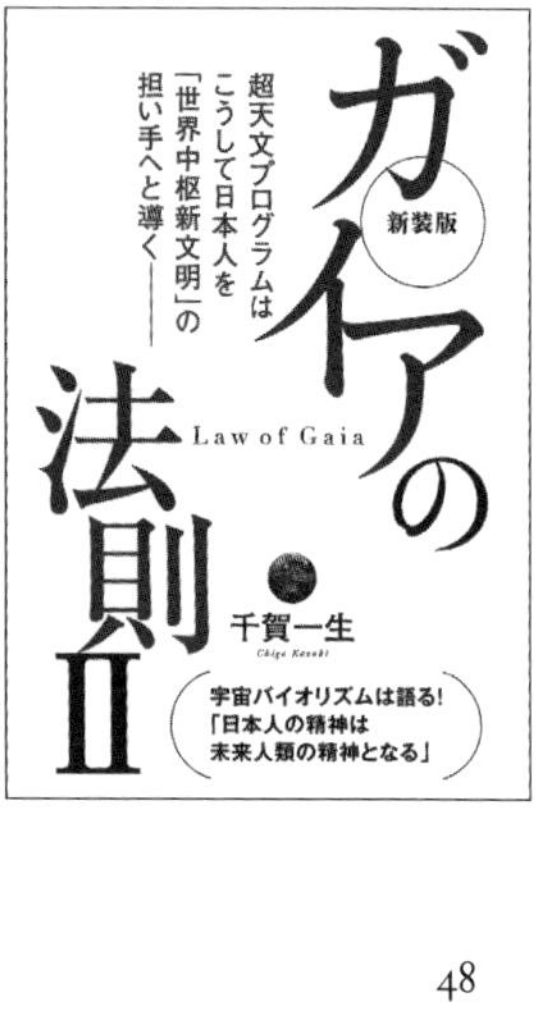

地球の地軸は二十何度傾いているのですが、歳差運動といいまして、コマが回るようにぶれて回っています。ぶれの回りが2万6000年周期なんです。805・5年周期でシュメールからぐーっと文明の中心点が移ってきたという本なんですが、彼の理論に補足事項がたくさんあります。

805・5×16×2＝2万5776、これが2万6000年の正確な数字になります。問題は、この中に日本の秘数が隠れているんです。16です。これが十六菊花紋、天皇の秘密です。

これを言っている人は誰もいませんが、これもアカシックレコードの映像で出てきたので信用してください。

2012年、地球は滅びなかった

2012年に世界が滅びるということで、いろいろな陰謀論の方が本を書いたのをご存じでしょうか。

2012年に世界は滅びませんでした。いろいろな陰謀論者と私はおつき合いがあります。Tの会も数年にわたって特別会員で、Nさんとも一緒に旅行しました。Bさん、Yさん、Fさん。Fさんは4年ぐらい前に亡くなりましたね。彼らを批判するわけじゃないんですが、2012年に滅びるとあれだけ書いて、実際滅びなかったときに弁明の本を書いていません。なぜ滅びなかったのか。私は何冊も買いました。おかしいと思いませんか。

あれは単にマヤ暦の石版が2012年で終わっていただけなんです。それをオーストラリアの考古学者が、２０１２年でマヤ暦が終わっていますよと言っただけです。滅びるとは言っていません。それをオリオンの連中がチョイスして、滅びるという論調を仕掛けたということです。

地球上の今までの歴史は、オリオンとシリウスのせめぎ合いと解釈してください。麻薬取引から全てにおいて、そこにリンクすればひもとけます。

なぜ２０１２年が重要なポイントか。千賀さんが『ガイアの法則』で言うところによると、２０１２年にアングロサクソン文明（白人文明）が終わっているんです。それでどこに行ったか。１３５度線の日本に来たんです。淡路・明石ラインですね。

８０５・５年たって、日本から行くところはないです。イギリスの西は大西洋です。大西洋からこっちに文明が来て、日本の東は太平洋ですから。

イメージとしてこういうふうに覚えてください。今は空き巣とかで夜も戸締りしないと危ない時代ですので、しっかり鍵をかけて戸締りしてください。でないと危ないですよというイメージです。ということは、締いいめ鍵ドア（シ・イ・

イ・メ・ガ・ギ・ド・ア）。よく締めてドアに鍵をしてくれ、というふうに生きていてほしい。こうイメージすると『ガイアの法則』がひもとけます。

シュメールからノアの洪水の後にシュメール文明が花開きました。シュメールはＹＡＰマイナスの部族がつくった文明です。前著『【シリウスVSオリオン】混迷地球の極秘中の秘密の超暴露』で詳細に説明しましたので、参照してください。

竹内文書に、15人の王子と１人の王女が天の浮船に乗って世界に文明を広めたという文があります。天の浮船はＵＦＯです。

とにかくシリウス民族は、銀河連邦で最高の民族なんです。ＤＮＡも違います。アングロサクソン文明が２０１２年に終わって、そして日本に来たんです。それが１３５度線、淡路・明石ラインです。

2年ほど前に、京都への文化庁の移転が動き始めたでしょう。当時の文化庁長官青柳正規が国立西洋美術館の館長をやっていたときに、私が岡本太郎美術館で展示会をやって知り合いまして、「篠崎さんのアートを世界に広めるのに私は全力を注ぐ」と言っていたのに、文化庁長官になったら、「公職になったので協力できません」。

文化庁が移って、それから宮内庁も移るでしょう。天皇も帰ります。

江戸城を復活する予算を取ってあります。その前に、東京駅の地下空洞で以前からつながっていますので、東京駅を改修したんです。そして江戸城を復活して、大奥も復活させます。そこまで全部シナリオができています。

日光があの世の都であり、世界の中心

より135度線に近い京都に、文化庁も行って、天皇も帰って、京都周辺が中心と思われがちです。でも、真実を言いますと、京都はこの世の都なんです。

それに対して、日光があの世の都です。

雑誌「ムー」の2018年の9月号で、スンダランドがムー大陸のルーツであるということを言っています。スンダランドはノアの洪水で水浸しになって沈んだんです。

でも黄河、揚子江を含めてアジアの大きな川は、ノアの洪水の前、全てが日光に続いていています。

川の流れの跡が海の中にいまだにあるんです。それが日光につながっている。

日光が世界の中心だという証拠です。

洪水で水浸しになった後、日本列島が隆起して、日光が今高くなっています。

日光というのは、実は宇宙の中心なんです。

そのもとの宇都宮は重要な拠点になります。

関東、宇都宮を中心とした方が、今後世界を救うキーパーソンと考えて、そのミッションをともに認識できればと思っています。

2012年に向けて起きた事件

アジアの大きな川が日光につながっているというのは真実です。

磐梯山と男体山と白根山、この位置が緩やかな逆V字を描いています。それから、日光の二荒山（ふたらさん）神社、宇都宮の二荒山神社、那須にも二荒山神社があります。栃木県の人でも、那須に二荒山神社があることを知らない方が結構います。これがV字になっています。

これはどういうことか。この2つのV字を合わせるとフリーメーソンのマークの形になります。実は、今現在のフリーメーソン、イルミナティは、日本がルーツなんです。それを証明するために、1997年あたりだったと思いますが、フエニックスライト事件というのがありました。

2012年に差しかかるに当たって、大きな事件が幾つもありました。なぜなら、世界の文明が日本に集まるから、オリオン系の連中が何としてもそれを阻止したいわけです。

滅びるという終末論の本が1つ、それから2011年に津波がありました。あれは純粋水爆の津波です。地下2000メートル掘削船というのは日本しか持っていません。自衛隊がアメリカのCIAに命令されて、中に水爆を入れてやった。原爆の核じゃなくて、純粋水爆です。2～3人暗殺されて、残りの6人は暗殺されないようにパウロ牧師がカナダにかくまっています。

なぜ日本をそこまで阻止しなくちゃいけないのか。それは、今の白人のオリオン文明が行き詰まって、シリウスの文明が訪れたからです。

フェニックスライト事件では、1辺が700メートルくらいのUFOが2基、メキシコ国境周辺にあらわれました。そうするとエリア51が近いですね。TR－3B、オリオンから伝授されたアメリカのデルタUFOが、これを撃ち落とそうとしてスクランブルをかけましたが、全然歯が立たなかった。ワープしちゃうんです。テクノロジーが違う。

これは何を意味したか。陰謀論者の方も誰も核心までは言っていません。私は結論から言います。

白人がメーソンではないんだ、アジアのシリウスが本来のメーソンなんだということのデモンストレーションであらわれたんです。

おまえたちのメーソンの時代はもう終わりなんだという意味です。それでまったく歯が立たなかった。

それでびっくりして彼らがつくったのが、巨大ミサイル基地です。

これは下野新聞の記事です。

中国につくりました。もう20~30年前に、メーソンの拠点はアメリカから中国に移っています。その当時は、延長5000キロの地下UFO基地でした。今調べると、9000キロぐらいまで延びています。何で日本列島の2倍も3倍も長い基地が必要なんですか。中国の首脳陣に聞くと、対アメリカだと。アメリカが攻めてくるのに、地下にこんな基地をつくった。べらぼうな予算でしょう。

中国ミサイル基地

下野新聞

中国内陸部

巨大ミサイル基地建設

総延長5000キロ「地下長城」か

中国中央テレビが放映した、中国内陸部に建設されているとみられる地下ミサイル基地の映像

【北京共同】中国人民解放軍の戦略ミサイル部隊「第2砲兵」が、内陸部に地下核ミサイル基地を建設している。総延長5千キロに達する「地下長城」との報道もあり、世界で類のない巨大基地とみられている。

解放軍系の新聞、中国国防報は昨年11月、建設中の基地について「トンネルが四方八方に延び」「100カ所近い作業地点がある」と報道。工事現場の指揮所には数十台のコンピューターが設置されているという。

環球時報も同12月に「内部のトンネルは総延長5千キロに上り、地下迷宮には本物、偽物あわせて数百のミサイル発射台がある」との米専門家の推測を伝えた。中国中央テレビも国防に関する特集番組で、巨大な地下空間やレールが敷設されたトンネルを放映した。

場所は明らかにされていないが、河北、河南、山西の3省にまたがる太行山脈とみられる。既存の地下基地を拡大している可能性もあり、米国を射程内とする大陸間弾道ミサイルなどが大量に保管されているようだ。

中国は「核の先制不使用」を宣言しており、核攻撃を受けた直後の報復能力を確保することが極めて重要。地下基地建設は敵の攻撃から自国の核ミサイルを守り、反撃することが狙い。潜水艦や車両からの発射に比べ、固定発射台は命中精度が高まることも利点だ。

西側の軍事専門家は「総延長5千キロは大げさと思うが、世界で最大規模のミサイル地下基地だろう」と指摘している。

2010年（平成22年）2月5日（金曜日）

この映像ははっきりしていませんが、ヘルメットから、作業服、工作機械、中国系企業の作業員じゃないんです。これは何をつくっているのか。フェニックスライトへの対抗手段なんです。オリオンの文明が終わるときに、シリウスの文明にみそぎをされるのが怖くて、迎撃基地をつくったんです。

月の裏側はシリウスのUFO基地でいっぱい!?

シリウスの連中はどこにいるのか。月の裏側にいます。「かぐや」という月周回衛星をJAXAが飛ばしたのをご存じですよね。映像をほとんど映さないで、そのままなくなっちゃったでしょう。「かぐや」はハイビジョンで全部映したんです。月の裏側は、シリウスのUFO基地がいっぱい映っているから公表できない。

私は2011年から12年にかけて、岡本太郎生誕100年展を東大の連中とやりました。日本を代表する物理学者のKさんの一番弟子とかいろいろな方がいましたが、その中のTさんが、国立天文台等の絡みでJAXAを知っているので、「Tさん、何であの映像を映さないんですか」と言ったら、「シリウスの基地を調べるのはまずいので」と言った。私は彼からよく聞いています。イトカワの岩石に衛星がおりるとか何とか、ほかの衛星の話題にJAXAの「かぐや」をすりかえて、映画にまでなったでしょう。一切「かぐや」のデータは出さなくなった。月に帰るかぐや姫、これはシリウスなんです。シリウスは一番権力があるので、地球に一番近いところにある月にいるわけです。

アメリカはアポロ計画で月に行きました。最初はネバダ砂漠で撮影した映像でフェイクだとか言われたけれども、2回目、3回目に到達している。でも、UFOに取り囲まれて、「シリウスの都にオリオンの連中が来るんじゃない、今度来たら撃ち落とすぞ」と言われて、行けなくなってしまった。

2番目に勢力があるのがオリオンの連中です。オリオンはしようがないので火星にいるわけです。火星のシドニア地区、ここにはオリオンの三つ星と、人面岩（フェニックス）があります。地下は大きなチューブでつながり、アメリカにいるメーソン連中は、しょっちゅう自分のUFOで火星の基地と地球を行ったり来たりしています。

そして3番目の勢力が金星人、プレアデスです。プレアデスが金星なんです。プレアデスは北米・南米を担当したのですが、結局、金をいっぱい掘り起こして、自分の国（星）に持っていってしまったんです。インカとかテオティワカンは、ある日突然なくなったでしょう。あれらの遺跡はUFO基地です。上に石造の像があるのですが、あれはいけにえの心臓を載せる台です。中南米はなんか血なまぐさいです。

プレアデスは完全な生命体ではなくて、定期的に生き血を飲まないと生きられません。それで連中にいけにえの儀式を刷り込んで、その血をいただくわけです。

金を持っていってどうしたか。プレアデスの母国の星は紫外線とか宇宙線に非常に弱い星なんです。ミクロン単位のシールドで、自分の星の周りを金で囲む必要があった。ですけど、悪さはしません。美学を重視する。だからビーナスなんですね。明けの明星、宵の明星、一番最初に出るのが金星です。

あと、金星は月にまとわりつくように動きます。人間に感動を与えるように、彼らはちゃんとセッティングしています。

日光が中心だという意味で、シリウスは滝もちゃんと北斗七星の形に配置しています。これはどこにも出ていませんが、場所がみんな一致しています。朝の4時にアカシックレコードからの映像で私が見たんです。

湯滝、竜頭の滝、華厳の滝、裏見の滝。裏見の滝は東照宮の後ろにあります。滝の裏側の洞窟を歩いて行ったことがあります。裏側から見る滝なので裏見の滝といいます。それから霧降の滝、そして那須のほうに行って竜化の滝、龍門の滝。きれいに北斗七星の形に滝がある。

そして、東照宮を中心に二荒山神社、慈眼寺が天海和尚。天海は明智光秀と同一人物です。日光を設計した人です。遺骨が眠っています。

アトランティスはムーの植民地、そのムーがシリウスで銀河連邦で最高ランク

ノアの洪水の前に、アトランティスとムー大陸があったわけです。

アトランティスはムー大陸の植民地です。なぜなら、ムーがシリウスになって、銀河連邦で最高ランクなので、どうしても勝てなかった。

でも、どうしても言うことを聞かないので、大きな隕石をアトランティスにぶつけたらしいです。スペインの沖、何百キロと言っていました。

そのときの地球の地殻の反動で、地球のマントルのエネルギーがボーンと来て、日本列島、琵琶湖のところがボーンと浮き上がったんです。それで琵琶湖のところの土砂が飛び出して、四国の横にボンとなったのが淡路島です。

だからイザナギ、イザナミ、国つくりの135度線はそこに意味があるんです。

琵琶湖に比べて淡路島は小さいじゃないか？　瀬戸内海の底の土砂の量を計測するとぴったり一致します。

京都はこの世の都です。日光はあの世の都になります。中禅寺湖は琵琶湖と同じ形です。小さいですけど、百六十何メートルと深いんです。水の量に換算すると琵琶湖と一致します。

真ん中にぽつんと上野島（こうずけのしま）というのがあります。出入り禁止です。これは何なのかということですね。

ここに実は勝道上人の頭と、明智光秀の遺骨が眠っています。

上野国（かみつけのくに）と下野国（しもつけのくに）の前は上野国（こうずけのくに）だったんです。それを分けたわけです。上野は「うえの」とも読めるでしょう。日光街道の出発点は、実は上野（うえの）なんです。終点は上野島です。それが何を意味しているか。

死海文書に、将来日本が世界を救うという部分があります。

それでメーソンの連中が日本を潰そうと段取りしたのが第二次世界大戦です。

エリザベス系列でドイツの科学者から三菱に渡ったのが零戦の設計図です。三菱でつくったものではないんです。

第二次世界大戦を仕掛けられて、負けて、日本人洗脳委員会ができて、そして電通ができて、日教組ができて、3S政策で日本が二度と立ち上がれないようにしたはずなんです。

ところが2012年から流れが変わった。日本人が世界一の民族として目が覚める時期が来たんです。

Part 2

すべてはヤタガラス、
そのヤタガラスに
命令しているのは
月の裏側のシリウス
（YAPマイナス）

神武は富士王朝にはばまれ、関東には来れなかった

日本人が２０１２年に覚醒するところは、全部ヤタガラスが段取りをした。ヤタガラスに命令しているのは月の裏のシリウスのＹＡＰマイナスです。覚醒のモニュメント、データは全部、スカイツリーも含めて決して京都じゃないんです。二重橋が日光街道の出発点ということになっていますが、違います。上野なんです。

上野に東照宮があるのをご存じですか。小ぶりなんですが金箔が張ってあって、ちゃんとした建物です。その上野の東照宮から浅草寺、住吉神社、神田明神と行くと、北斗七星なんです。

皇居から見て北側が北極星、その下が東照宮です。横に陽明門があるでしょう。

東京の北斗七星

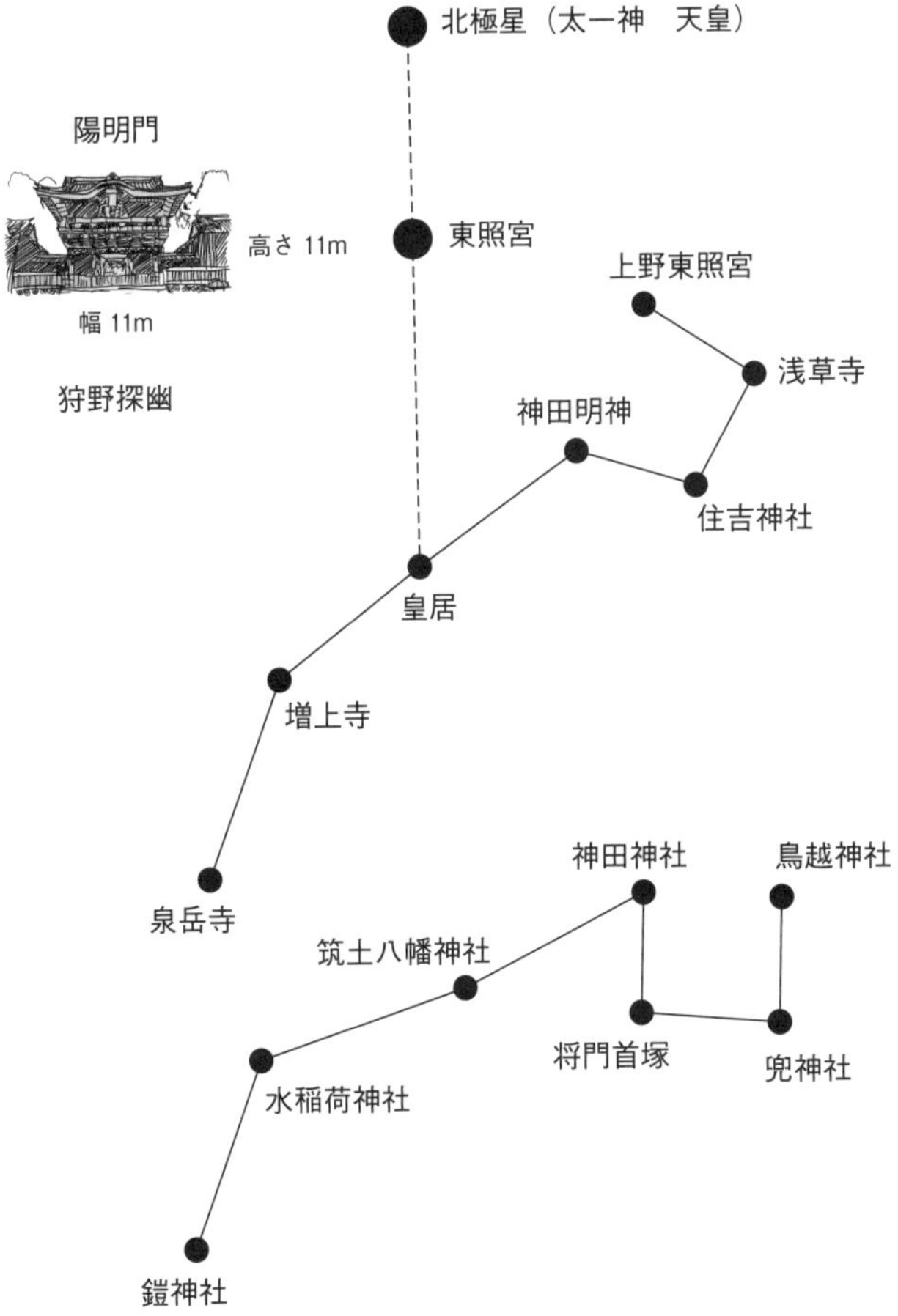
北極星（太一神　天皇）
陽明門
高さ 11m
幅 11m
狩野探幽
東照宮
上野東照宮
浅草寺
神田明神
住吉神社
皇居
増上寺
泉岳寺
神田神社
鳥越神社
筑土八幡神社
将門首塚
兜神社
水稲荷神社
鎧神社

これが秘密なんです。天海（光秀）は学者中の学者ですから。

この陽明門だけは、どういうわけか狩野探幽しか手をつけることができなかった。唐門と陽明門だけが人物像がたくさん彫ってあります。ほかは全部、唐草とかの模様です。1つだけ柱が逆向きに立っています。魔除けだと言っていますが違います。これは北極星とリンクさせるための門です。その証拠として、幅が11メートル、高さが11メートル、宇宙が11次元であるという秘数でできています。

平将門の乱は皆さんよくご存じだと思います。国賊のように言われていますが違います。日本を救おうとした人です。

なぜなら、天皇家なんですね。平将門は桓武天皇の5代目の末裔です。桓武天皇は京都を造営した人です。崇神天皇の10代目の末裔が藤原秀郷です。平将門は天皇家を生粋のＹＡＰマイナスに戻そうとしました。桓武天皇の系統はその後、南北朝時代に足利尊氏に乗っ取られてしまった。でも、表の天皇が変わっても、ヤタガラスの裏の天皇がしっかりと世界の国体を守っていますから関係ないんです。

ヤタガラスの構造は、3人の大ガラスと12名の小ガラスからできています。12名の小ガラスは、イスラエルの12支族の直系の末裔です。戸籍謄本はありません。彼らはどうするのか。世界を救うときのために、のろしを上げるための民族として受け継いでいるわけです。

天皇家の導線

崇神天皇

↓

第一皇子＝豊城入彦命（二荒山神社主神）

↓

10代目＝藤原秀郷

桓武天皇（京都遷都）

↓

5代目＝平　将門

（長女　瀧夜叉姫・長男　安倍晴明）

（尾瀬「岩塔が原」の秘密）

飛騨高山（飛騨王朝）一ノ宮神社

二荒山神社（一ノ宮神社）

藤原秀郷・安倍晴明の秘密

藤原秀郷は、平将門を討つために霊剣を宇都宮の二荒山神社から授かって、その霊剣で倒したということになっています。

二荒山神社には何か秘密がありそうでしょう。宇都宮環状道路の真ん中です。主神は豊城入彦命です。

豊城入彦命（とよきいりひこのみこと）は崇神天皇の第一皇子です。天皇家なんです。天皇家が天皇家を滅ぼすというのはおかしいと思いませんか。

結論から言うと、関西の百済（くだら）関係の天皇家から圧力をかけられたことによって、国体を守ろうとしたということです。その証拠として、神武東征というのがありました。初代天皇、神武天皇。それはいいと思うんですけど、神武天皇が熊野古道で道に迷ったときに、ヤタガラスが道案内にあらわれた。そして京の都に行ったときに金のトビがとまった。これは12支族と会ったわけです。

おかしいのは、神武は関西で治めたけれど、関東には行ってないでしょう。このことが実に重要なクエスチョンなんです。

どういうことか。関東には富士王朝というちゃんとした王朝があったんです。だから手をつけらなかった。それをさらにもとに戻そうとしたことによって、圧力をかけられて、平将門が討たれたということになっています。でも、平将門は討たれていません。実の弟が身代わりになったんです。

彼はどこに行ったのか。これを探るのは大変でした。これも朝4時に夢で見たんです。尾瀬で眠っています。尾瀬の岩塔ヶ原(がんとうはら)、そこには巨大な地下宮殿があります。そこはドッペルゲンガー現象が起きると言われています。もう1人の自分に出会うという現象です。これは何を意味しているのか。平将門は地下宮殿の下の永久凍土で眠っている。科学、医学が発達したときに、もう一回生き返ろうという魂胆があると思います。

ここで一旦、平将門がそこを終焉の地としておさまったように見せかけて、約400年の空白ができるわけです。これはどういうことか。その一族はシリウスの直系のふるさとに一回戻ったということです。これが浦島太郎の秘密です。

竹取物語、浦島太郎、金太郎、実は1人の人間がつくっています。安倍晴明です。安倍晴明は何者か。平将門の長男なんです。長女は瀧夜叉姫です。瀧夜叉姫は夜叉です。瀧夜叉姫は実は平将門と一緒に尾瀬に行っています。

瀧夜叉姫がかぐや姫のルーツじゃないかなと私は思っています。竹取物語は平将門の乱よりもずっと以前、平安中期に既に出ていますが、ここまでのストーリーではなかった。あれは呪術でできているでしょう。30日で大人になったとか。そして、京の豪族が何人も言われたとおりのものを持ってきたら結婚してあげると。その中の1人に名前を変えた安倍晴明が入っています。安倍晴明は、私がつくったという証拠を残したわけです。残したというよりも、編纂したということですね。安倍晴明の生まれは茨城県です。

そして、藤原秀郷にも大きな秘密があります。琵琶湖にかかる瀬田唐橋に大蛇が横たわっていて、旅人が渡れなかった。幾日もしたら、1人の若者が大蛇の上を平気で歩いて渡ってしまった。その若者が藤原秀郷です。その夜、宿にうら若き女性があらわれました。

「実は私は昼間、瀬田唐橋に横たわっていた大蛇です。私は琵琶湖の龍神の姫です。我々龍神は長年にわたって大変困っています。琵琶湖の横に三上山という人工ピラミッドの山があります。そこに大ムカデが7回り半、グルグル巻きになっていて、龍神に対して非常に悪さをするので、私たち一族(龍神)は勇気のある人を探していました。

あなた様が昼間、私の上を恐れも知らずに渡ったあの勇気を見て、あなたは必ず大ムカデを退治してくれる人だと思いました。そういう方を待っていました」

と言うわけです。

「よし、わかりました」ということで、次の日に、三上山に行ったら、大ムカデがグルグル巻きにいる。秀郷は弓の達人なんです。ここが重要な秘密です。

弓を1本、2本と射ると、ムカデの頭がかたくてポン、ポンと弾かれてしまう。

ムカデが迫ってきて、これでもう最後かなというときにふと思い出したんです。矢尻のところに自分の唾液をつけて射ればやっつけられる。これは何を意味しているかというと、ＹＡＰマイナスのＤＮＡです。そして南無八幡大菩薩と唱えてやったら、眉間に当たってやっつけることができた。

これは何を意味しているのか。ピラミッド、ここがポイントです。オリオン、龍神、シリウス。シリウスが郷土をオリオンに乗っ取られそうだ。やっつけてほしいということです。

服部半蔵と「奥の細道」の松尾芭蕉は同一人物!?

歴史上、オリオンとシリウスの戦いはたくさんあります。

織田信長は、日本をオリオンの国にしようとした。そのお金を出したのがバチカンです。だから、もともとは地方の小さな武将だったのに、いち早く鉄砲をそろえられた。オランダ貿易だけでは、あんなにカネがあるはずがない。バチカン主導で日本を乗っ取ろうとしたところをヤタガラスのみそぎにあったのが本能寺の変です。織田信長は本能寺で死んではいません。

光秀は、このままだったら日本の国体がオリオンに乗っ取られてしまうと危惧して、天皇の器を見せるという名目で千利休が茶会を開くということで信長に本能寺に来てもらって、本能寺の変が起こったわけです。

そこで織田信長は死んだことにして、信長とその一族は全部バチカンに帰ったんです。バチカンに帰って現地での名前も与えられました。

安土桃山城はデウス神殿です。金ピカで、中の構造は伽藍になっている。世界最大の木造建築で、あれほどあでやかなお城で、設計図まで残っているのに、なぜ再建しなかったのか。キリスト教神殿だからです。日本のヤタガラスが命令を出しません。

ヤタガラスには、月の裏側のシリウス王朝が指示を出しています。豊臣秀吉は何でも知っていたわけです。

本能寺の変で殿がやられたと聞いて、4～5日ぐらいで戻った。4～5日で戻れるわけがないでしょう。2万の軍勢です。1日かからないで毛利軍と和平工作が成立するはずがない。

姫路城に来るまで、土砂降りで泥沼だったらしいです。身動きがとれない。それで1日70キロも来たなんてウソです。知っていたわけです。全部知っていた。

日光の東照宮は黄泉の都です。「見ざる、言わざる、聞かざる」の三猿が東照宮のほうを向いているのは、秀吉の一族は全て知っているが、しゃべってはダメだよということをあらわしているんです。秀吉は猿と呼ばれていたからです。

その後、よし、うまく守れたということで、天海和尚として江戸城を風水によって設計したわけです。そして、風水学で西側に道路がなかったので、中山道を通したのが服部半蔵。半蔵門というのはそういう意味です。服部半蔵と「奥の細道」の松尾芭蕉は同一人物です。

やっと日本の国体を守れた。そうしたら、それの延長線上があったわけです。織田一族の恨みがずっと残っていたんです。

明治維新のときに開国するのに、坂本龍馬、一介の素浪人が敵仇の薩長同盟なんて結べるはずがないでしょう。咸臨丸とか、どこからカネが出たんですか。無血開城したんですよ。そのカネは誰が用意したか。グラバーが用意したわけです。グラバーはメーソン中のメーソンの武器商人です。それで、あれは裏切り者だと言う陰謀論者が表向きはいるわけです。違うんです。

龍馬にはちゃんとした考えがありました。だまされたふりをして、やつらのカネで日本を開国したわけです。大きなカネをもらってね。そして徳川慶喜をそのまま王族の直系として残そうと画策したわけですが、それがばれてしまった。それじゃ、何も変わらないじゃないか。それで慌てて暗殺されたんです。そして明治天皇がすりかえられたけれど、あれは表向きの天皇の変更ですから関係ないんです。

殺したのは見廻組です。では、坂本龍馬は何者か。明智光秀の直系なんです。そして、見廻組は織田信長の直系です。ここまで尾を引いているんです。やつらオリオン系の連中は諦め切れない。

そして現代に至っては、陰謀論者を抱きかかえています。裏に統一教会も見え隠れしています。シリウス系の国連でやっと我々が体制をとったのに、国連支援交流協会は統一教会に乗っ取られる寸前です。

ここからは、多分私は暗殺されないで済むと思います。なぜなら、天皇家に会わせるということになっているのです。その親玉は、名前はちょっと言えませんが、インターポールの現役です。私がルパン3世で、彼が銭形ですし、峰不二子さんもいますしね。役者は全部そろったので、我々はこれでヒカルランドとともに暗殺されない方向でちゃんと体制をつくります。お任せください(笑)。

朝見た夢の話、旧約聖書のヨブ記に秘密が記されている!?

私は、朝、夢を見ました。旧約聖書に我々の秘密があるはずだと。そして、旧約聖書のヨブ記を発見しました。

38章31節にこういう一節があります。これしか書いてないんです。注釈は何も書いてない。これについて論ずる陰謀論者も世界に誰もいません。

「あなたはプレアデスの鎖を結ぶことができるか?」
「オリオンの綱を解くことができるか?」
と書いてあります。

ここで大きくシリウス、オリオン、プレアデスの秘密がひもとけるわけです。

プレアデス(スバル)は平和主義者です。金(きん)を横取りしたので申しわけないということで、罪滅ぼしで今、一生懸命いろいろやっています。

オリオンはまったく違います。歴史上、バーサス・シリウスでやっています。今でもそうです。

そうすると人類の将来は、プレアデスの鎖を結べばいいですよということです。ただし、オリオンの綱を解かなくちゃいけない。やつらの呪縛を解いてくださいということです。

旧約聖書
ヨブ記 38 章 31 節

「あなたはプレアデスの鎖を結ぶ事ができるか？」

「オリオンの綱を解くことができるか？」

ケテル＝神

グアト＝プレアデス

ティファレット＝シリウスＹＡＰ－

イエソド＝シリウスＹＡＰ＋

マルクト＝オリオン

世界の全ての宗教は日本の古神道がそのルーツ！

世界の神話は日本の神話がルーツになっています。

全て世界の宗教は、日本の古神道がルーツになっています。

古代ユダヤ教は、実は古神道に近いものなんです。ユダヤ教が選民思想になったのは、イスラエル12支族のうちの2支族がローマ軍に戦いを挑んで、コテンパンにやられて、2支族が40年間もバビロン捕囚になって、ひねくれちゃったんです。

それで古代ユダヤ教がタルムードという注釈の現代ユダヤ教に変質したんです。

これがホロコーストの原因になっています。

10支族は、もう戦いはダメじゃないかということで、砂漠にすっと消えていなくなった。これが世界の人類学上、最大の謎とされている失われた10支族です。そのときに失われたアーク、天使のケルビムがいますね。あれが実は神輿のフェニックス（鳳凰）なんです。

日本にアークを持ってきたという意味で神輿があるんです。三種の神器も全部日本にあります。キリストが磔刑（たっけい）になった柱も日本にありますが、場所はちょっと言えません。

スサノオがルシファーで、ツクヨミがオーリーオーン

「古事記」に、ルシフェルとオリオンの痕跡があります。

実はスサノオがルシファーで、ツクヨミがオーリーオーンなんです。

ルシフェルが堕天使として地上に落とされて、サポーターとしてオーリーオーンが入ったわけです。

ツクヨミは非常に謎の深い神で、ひもとける人はいません。

東照宮の陽明門、五重塔、東京タワー、スカイツリーの高さは全て宇宙の秘数

東照宮の陽明門は、幅11メートル、高さ11メートルで、宇宙の11次元の秘数でできています。そして、1本の柱だけが反対側の北極星を向いている。北斗七星に全部つながっているわけです。

陽明門は、ほかの絵師は一切参加させずに狩野探幽1人でデザインしたんです。そして、世界最高の神殿を建てて、その横に建っている五重塔の頂上は海抜666メートルで、やはり宇宙の秘数です。結局は、メーソンとイルミナティのオリオンの考えではない。これはもともとはシリウスだということを秘数で証明したわけです。

2012年にスカイツリーが建ちました。スカイツリーは基礎まで含めると6

66メートルです。それが東照宮の五重塔の高さと同じだからということで、スカイツリーがオープニングのときに五重塔を史上初めて開帳して心柱を公開したんです。

東京タワーは333メートルです。エネルギーが出ないように、メーソンがスカイツリーの半分の高さに設定したわけです。でも、2012年が近づいて、ふざけるな、これからはシリウスが主導権を握るということで、666メートルのスカイツリーを建てたんです。

2018年9月号で、雑誌「ムー」が、ムー大陸がスンダランドだということを突きとめました。これは合っています。ノアの洪水の前は陸地がすごく広かった。チベットのヤルツァンポ川（チベットの奥地のヒマラヤの馬の口の形をした谷から流れ出る実在の霊的な川）、インドのガンジス川、中国の揚子江、黄河、アジアの主要な川の流れを示す溝が海底に残っているんですが、それが全て日光に集まっていたんです。

つまり、日光を宇宙の頂点として、地球の地殻はできている。ノアの洪水によって日本列島が隆起して、今、日光の次元は高くなっている。だから、日光を含む関東地方は大きな災害に襲われません。そして、世界一おいしい水が出る。

相撲とは何か⁉ モンゴル相撲のルーツは源義経だった⁉

ヤタガラスは京都だとAさんは言っています。

上賀茂神社と下鴨神社の秘密があります。南北朝時代に後醍醐天皇が南朝に行った。これは正統の天皇です。北朝の天皇は足利尊氏によってオリオンの息のかかったダミーの天皇になったわけです。明治天皇もその流れですが、裏の天皇のヤタガラスは動じないので、日本の天皇の国体はまったく心配ないんです。

藤原京から遷都して京都をつくった桓武天皇のときには、まだシリウス系の天皇です。桓武天皇の奥様は百済の王妃で、昭和天皇が韓国に行ったときに「我々の天皇は韓国の王妃と血族ですので」と挨拶しているけれども、あれもヤラセです。なぜならば、YAPマイナスという遺伝子は男系にしかつながらないんです。

相撲の土俵に女性は一切上げないというのは、そこが目的なんです。

じゃ、女性は何者か。ｍｔ（ミトコンドリア）ＤＮＡは女性にしか遺伝しないんです。ミトコンドリアＤＮＡは、精神性、スピリチュアル性、家族愛、生命をつかさどる、求心力のエネルギーです。ＹＡＰマイナスのＤＮＡは遠心力なので、対極的なＤＮＡです。求心力は赤で遠心力は青です。だから女性は赤いドレスが似合う。そして男性は青いスーツが似合うのです。

桓武天皇に加担していたのは空海です。京都は最澄が設計したとなっているけれども、あれは真っ赤なウソで、最澄はダミーなんです。その証拠として、京都は人型にできています。雑誌「ディスカバージャパン」２０１１年８月号で、「空海と密教」という特集で東寺が扱われていましたが、東寺の主神は空海なんです。応仁の乱のときに西寺は焼けましたが再建しませんでした。なぜなら日の出る東の東寺があればいいからです。東は青龍だからです。

上賀茂神社は桓武天皇のお后を祀っていて、下鴨神社はヤタガラスを祀っているんです。年に１回、正装して、下鴨神社から上賀茂神社にただ歩くだけの行事がありますが、あれはヤタガラスから桓武天皇のお母さんのところに歩くという構図で、一見、京都が全部の中枢のように見えますけれども、私は違うと思う。私はヤタガラスの本拠地は日光・輪王寺だと思います。

その証拠としては、武家相撲は、壇ノ浦の戦いのときに義経が初めて開発した、船の上で目の前にいる敵の手をつかんだら体を全部破壊する兵法です。義経は、幼少期に鞍馬寺にこもって、夜は天狗から兵法を教わりました。だから義経は鞍馬天狗と呼ばれたのです。

天狗というのは修験道者です。役小角（えんのおづぬ）が修験道の開祖で、葛城山から金峯山寺にひとっ飛びに飛んで、その波動で地殻が隆起して天橋立ができたと言われています。これはUFOです。シリウスの権現の兵法を役小角に伝えて、その流れが天狗の武術です。

旧約聖書に、アブラハムの子どものイサクの子どものヤコブが一晩にわたって天使と力相撲をしたと書いてありますが、これが相撲のルーツです。

明け方になって天使が「私はあなたに初めて参りました。手を放してほしい」

と言ったけれども、ヤコブが「私は神の祝福をいただくまでは手を放しません」と言ったら、明け方近く、ヤハウエが天にあらわれて、「祝福しよう。おまえに神と戦った者という称号としてイスラエルという名前を授けよう」とおっしゃった。これでイスラエルの12支族のヤコブの歴史が始まったわけです。

12支族で建国した後に、レビ族という別の支族がいて、これが裏の天皇、ヤハウエ、シリウスのYAPマイナスの権現です。

相撲のルーツはそこまでさかのぼるんです。だから、シリウスから教わった、人間の体の骨格までつくった連中が知り尽くしたわざで、実はそれが私の友人の熊坂先生の整体術の熊坂流につながるんです。のちほど、ヒカルランドから「熊坂流」の本が出版される予定です。義経が負けて、弁慶や修験道者と一緒に日本列島を縦断して平泉に落ち延びるときに、途中途中に関所があったけれども、日本の国体を守る一行だというおふれが回って、フリーパスで全部通れたということです。義経を平泉に招き入れたのは藤原の豪族です。

その途中で会津に寄ったときに、義経が武家相撲を全て会津藩に伝授したんです。霊山神社に武家相撲の叡智を全て落として、会津藩の筆頭家老の西郷頼母に武家相撲のルーツを教えていったんです。

西郷頼母は「豆彦様」というあだ名がついていて、豆粒のように小柄だったんです。「彦」というのは神様という意味です。

アマテラスオオミカミは、アマテルクニテルヒコ、アメノホアカリ、クシミカタマ、ニギハヤヒノミコトの４人の神の合体ですが、最初のアマテルクニテルヒコの「彦」なんです。

会津は明治維新のときに戊辰戦争で最後まで朝廷に戦いを挑んで敗れて、解体されました。日本の開国に当たって、徳川慶喜をそのまま継続するからということで味方したのに、それを切るというのは約束が違うじゃないかということで、日本の国体を守ろうとしたのが会津藩です。会津藩は日本の４大藩の１つです。

なぜそこまで彼らは意地を張ったのか。白虎隊の戦いもありました。会津藩が解体されたときに、筆頭家老の西郷頼母は、本当であれば縛り首ですが、まったくおとがめなし。

歴史上は北に行ったと言われていますが、私が調べたところでは、東照宮の輪王寺の禰宜として招聘されています。これはあり得ないことです。輪王寺に何年かいて、霊山神社の宮司として会津に戻ってきた。西郷頼母の兵法が、熊坂流の会津兵法なんです。これら一連の史実から、私はヤタガラスの本拠地は輪王寺を中心とした東照宮ではないかと判断したのです。

そして、さかのぼれば、義経の兵法です。その証拠として、霊山神社の家紋はササリンドウなんです。

義経は平泉で焼き討ちに遭ったけれども、実際は生きていて中国大陸に逃れて、チンギス・カンになったわけです。彼がたどり着いた中国の都の遺跡には、いまだにササリンドウの家紋が刻印されています。義経がモンゴル相撲のルーツにつながるんです。

相撲は神への献上なので、勝っても負けてもいいんです。だから、神社でやるのが相撲だった。

私が子どものころは、お祭りのときには学校を早退して神社で相撲をとりました。イスラエルの12支族が弓月(ゆづき)の国から出雲に入って、相撲が国技となったわけです。

相撲というのは、勝っても負けても喜んではいけないスポーツなんです。ところが、最近は外国人力士が大関、横綱になって、そのルーツを親方が教え切れないので、勝つと大喜びして笑っているのを見ます。笑うのは神への侮辱なので、ご法度なんです。

相撲のルーツは、ヤコブが天使と戦ったことです。ヤコブの末路は、キリストの連中が捏造して石打ちの刑に遭ったとなっています。

すり鉢状の刑場の真ん中に寝かされたヤコブに石を当てて殺すというのが石打ちの刑です。オリオンの連中は、どうしてもシリウスの歴史を汚したいわけです。

熊坂流について

熊坂先生は会津の生まれで、整骨院の資格を取ったころに、西郷頼母の武術を見て、一生これを研究しようと思って取り組んだんです。驚いたことに、霊山神社までクルマで5分か10分のところで生まれています。それから、おもしろいことに、熊坂先生の高校の校章がササリンドウなんです。霊山神社の紋もササリンドウ。両方とも源義経の家紋です。

熊坂先生が一通りの技を覚えて普及活動をしようと思って出てきたのが栃木県です。なぜかというと、日本の心臓が栃木県なんです。心臓の横にある福島県と群馬県が肺になる。47都道府県の中で福島県が水の保有量が日本で一番多いんです。4と7を足すと11で、やはり秘数です。

日本に隠れている金は世界の半分以上!?

日本に隠れている金は、世界の半分以上です。

実は探ったんです。幾らNさんをゆすっても言わないので、彼女の側近の人間と部屋を同じにして、いっぱい酒を飲ませて、夜中の2時ごろそっと聞き出しました。

ヤタガラスは幾ら持っているのか。今現在、表の世界の金を持っているのはロスチャイルドです。ロスチャイルドが大体1京5000兆円相当。これですごいと思うじゃないですか。ところが、大阪の電気会社の社長は、ヤタガラスはわかっているだけで8京円相当持っていると言っていました。どこにあるんですかと聞くと、剣山とか、あといろいろあるんですけど、言うと命がないのであまり言わないようにしていますと言っています。

表向きで8京円です。裏まで全部探ると大体30京円あります。この金は何のために使うのか。世界の人類を救うための準備金です。

どこに眠っているのか。プレアデスは南米、北米の金を持っていってしまった。アフリカは南アフリカあたりに金が出ますが、そんなにも出ません。

日本にはいっぱい出ます。重要な金鉱山があります。磐梯山、日光、白根山、金の宝庫です。それから富士山。海外の金鉱山の採掘量は1トン当たり4グラムです。日本のいい場所の金山は、1トン当たり40グラム取れます。グレードが違う。

江戸時代中期あたりに、どういうわけか裏磐梯と尾瀬の金鉱山は閉鎖しました。尾瀬の金鉱山は、1日2000人の坑夫が金を掘っていたんです。これが地下宮殿の秘密です。シリウスだから、それは持ち帰れないんです。もう掘るのはやめようということで、国立公園にした。裏磐梯は1日1000人の金坑夫が働いていた。それもパタッとやめました。

ノアには子どもが3人いました。セム、ハム、ヤフェト。セム系が黄色人種、ハムは黒人、ヤフェトが白人です。そうすると、ノアとセムとハムとヤフェトの夫婦が2人、2人、2人、2人といて、8人です。軍艦とか戦艦とかの大きなものは「船」という字を書きます。ボートとか小さなクルーザーは「舟」と書きます。「船」という字は、舟の右側に8人の口があるとの意味で8人の人が乗ったという意味です。「船」というのは、ノアの方舟という意味です。セムとハムとヤフェトの3人以外に、残り2人がいた。青と赤、五色人がいたわけです。浜田廣介『泣いた赤鬼』の赤鬼と青鬼のルーツはそこにあるんです。

Aさんが書いた本によると、ロズウェル事件でＵＦＯに乗っていた人はモンゴロイドで、実はこれがＹＡＰマイナスの人なんです。

ロズウェル空港はアメリカにあります。広島に原爆を落としたエノラ・ゲイが、原爆を積んで飛び立った飛行場です。おまえら、我々の子孫の国に何てことをしてくれたんだと文句をつけに来たんですが、たまたま嵐で雷に打たれて落ちてしまった。それでＵＦＯに乗っていた人物が発見されて、ＤＮＡ検査をしたらＹＡ

Pマイナスだった。Aさんは、これは地球のシャンバラ、内側の亜空間から来たと言っていますが、私はそう思わない。月から来ている。シリウスから来たんです。

UFOの話はまた後でしますが、大きく分けると3種類あります。

1番目がTR－3Bとか、あとはナチスドイツのときのハウニブ1号、2号、3号。この辺が一番低俗なUFOです。

2番目のUFOは、光の約1万倍まで加速できます。

3番目のUFOはニューロです。乗っている人の考えを察知してちゃんと動く、宇宙の果てから果てまで一瞬で行けるワープ可能なUFOです。

Part 3

知を封じ、
覚醒を阻止する、
オリオンの巨大な罠

カバラ、セフィロト、11次元はシリウスの産物

カバラのセフィロトは、上からケテル、コクマー……と、11あります。ダアトというのが裏に隠れて見えないようになっています。表向きは10しか見えませんが、実は11なんです。これが11次元です。20年ぐらい前、ウィッテンが超ひも理論でM理論を発表しました。でも彼にノーベル賞をやっていいかどうかわからないんです。ノーベル委員会の学者がわからない。

リサ・ランドールは5次元までたどり着きました。5次元の2倍で10次元なんです。それに膜、ブレーンで11次元でできているということなんですが、証明する機会がない。だからウィッテンはまだノーベル賞をもらっていません。フィールズ賞はもらったと思います。

11次元。これが11になっている。これは誰がつくったのか。このテクノロジーは人間じゃないです。シリウスのYAPマイナスがつくったんです。IQ200以上です。

こうして見たときに、ケテルまでは行けません。これは神様の領域です。コクマー、御父、御子、精霊の源ということです。これでいくと、ティファレトが全てのセフィロトに連結する唯一のものなんです。これは何かというと、シリウスBの叡智ですね。ミカエルはYAPマイナスなんです。

ミカエルとは何者か。ルシフェルが昔、神に戦いを挑んだ。ルシフェルとミカエルは、ヤハウエの双子の兄弟でルシフェルが兄でミカエルが弟だった。ルシフェルはすごくイケメンで部下（小天使）がいっぱいいたんですが、神には勝てないでしょう。やっつけられてしまった。そのときミカエルが神と手を組んで、ルシフェルを地上に落としました。Lというのは、神に準ずる者という意味です。Lを取られてルシフェルがルシファーになった。これが悪魔のルーツです。

そうしたときに、ミカエルが日本、シリウスと考えてください。そのときのル

カバラ

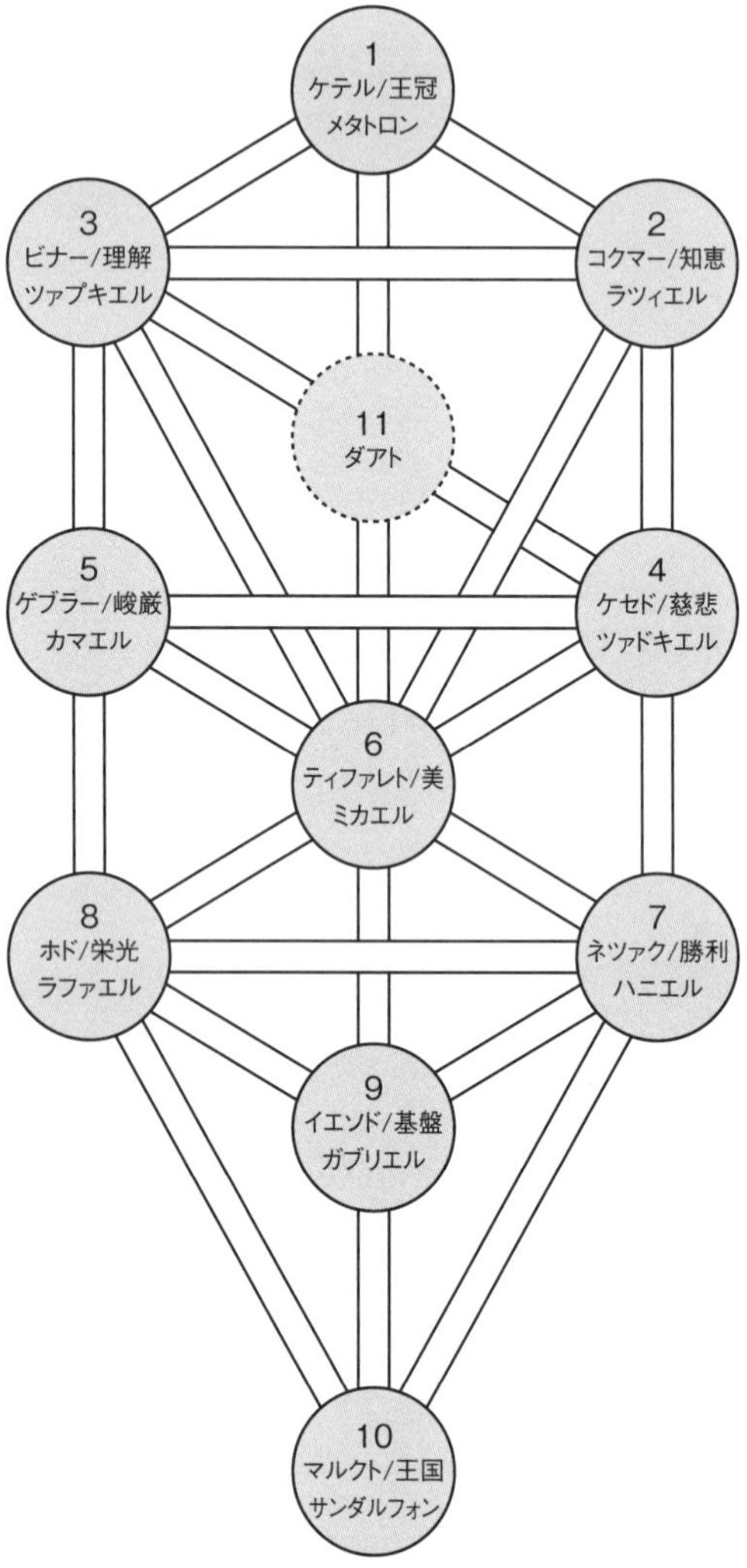
1
ケテル/王冠
メタトロン
3
ビナー/理解
ツァプキエル
2
コクマー/知恵
ラツィエル
11
ダアト
5
ゲブラー/峻厳
カマエル
4
ケセド/慈悲
ツァドキエル
6
ティファレト/美
ミカエル
8
ホド/栄光
ラファエル
7
ネツァク/勝利
ハニエル
9
イエソド/基盤
ガブリエル
10
マルクト/王国
サンダルフォン

シフェルがオリオンです。ルシファーが地上に落とされたとき同時にオリオンから、オーリーオーンが地上に落とされて2人が手を組んでオリオンの物質文明を築き上げた。オーリーオーンの出来事は、ギリシャ神話にのっています。この戦いを考えるとひもとけてきます。

今現在の世界で謳歌しているメーソン、イルミナティの大財閥連中は、王国を築いて、自分が神のように勘違いしている連中です。11のセフィロトの一番下はマルクト（王国）なんです。これで神と勘違いしている。

ここにはティファレトはエネルギーを供給していません。イエソド（基礎）で遮断しています。マルクトの連中は勘違いしているので、これから次元上昇しようと努力すればするほど、地下に延びているんです。

メタトロンは、神そのものだから色をつける必要はないです。ほかは全部色がついていますが、マルクトは色がない。シリウスのYAPマイナスは連中のランクをちゃんと表現しています。中途半端な履物をサンダルというのは、ちょっと蔑視的な意味がある。サンダルの語源はここなんです。

イエソド、基礎的なところがＹＡＰプラスの部族です。ティファレトはＹＡＰマイナスです。ダアト（知識）、これが厄介なんです。知識は振りかざしてはいけないということで、陰に隠してるんです。

だけど今、学閥主義でしょう。知識をたくさん覚えられた人が一流大学を出て官公庁、大会社の社長になって、世界を制圧しているじゃないですか。カバラではそれは非常に危うい。

カバラの本は私もいろいろ読みました。だけど何を言っているのかわからない。割とまとまらないデータで、ルーツが見えない。

私のほうがまとめていると思います。私は夢で、ビジュアルで見たことを言っています。カバラに全て当てはまります。普通の世界のカバラは、明快な解答の本がありません。わけわからなくさせているのはオリオンの連中なんです。なぜならシリウスの産物だからです。

数千年、数万年にわたって、文化、芸術、産業、全てオリオン対シリウスの戦いの歴史です。そうすると、これを明確にひもといてはいけないんです。なぜなら、世界中の民がスピリチュアルに覚醒するのが彼らは怖いんです。だからオリオンの圧力でわからなくさせている。

それでも国内でいい本だと思ったのはこれです。海外の本も、パリにいる桐島敬子さんに「カバラの本はフランスにありますか」と聞いたら、「ヨーロッパの人はカバラにあまり興味ありません」と言うんです。カバラにはゲマトリア数秘術というのがありますが、あれもよくわからない。この解釈を全てまとめてありますから、ぜひ本にしていきたいと思っています。

関東地方はエネルギーの場

関西で生まれた方も、関東に来ると覚醒する。エネルギーの場なんです。

北関東一帯はあの世の神殿なんです。宇都宮というのは、「宇宙の宮」という意味がある。ですから幸福の科学が宇都宮に本殿を持っていったんです。幸福の科学の信者の方がそう言っていたそうです。

全部名前がリンクする。大谷川（だいやがわ）があるでしょう。京都には大谷川（おおたにがわ）があります。でもちゃんとグレードを下げています。

そして、華厳の滝にリンクするのが那智の滝です。那智の滝のほうが落差は大きいけれど、美しさにおいては圧倒的に華厳の滝でしょう。全部ひもとけるんです。

宝積（ほうしゃく）寺。これは何の宝か。結局、陰陽道、忍者、宝積寺、いざ救うときのカネのルートだったんです。

宝積寺は群馬県にあります。それから飛騨高山にあって、中山道で京都につながっていくんです。

京都と栃木にはリンクする名前がたくさんあります。

武道・相撲のルーツと義経

勝道上人が日光の開祖です。勝道上人は最初、どこで修行したか。天狗の古峰ヶ原で修行したんです。

天狗といえばもう1つ、鞍馬天狗が思い浮かびます。今、熊坂先生の本が約180ページまで仕上がりまして、いろいろ研究していますが、武術のルーツ、それに対して武道、治す術を活法（かっぽう）といいます。これが割烹料理のルーツになります。

武道のルーツを探っていくと、最後には、源平合戦にたどり着きます。

壇ノ浦の戦いで、船の上で武家相撲というのを発明したのが義経なんです。義経は幼少期に鞍馬寺にこもって修行して、夜は天狗から武道を教わった。だから鞍馬天狗。天狗のルーツは何者か。役行者にたどり着きます。

義経は平泉で討たれたことになっていて、そこで芭蕉が句を詠んでいます。

「五月雨の降り残してや光堂」

芭蕉は服部半蔵だからちゃんと仲間なんです。そして彼は向こうに渡ってジンギス・ハンになったんです。彼の家紋はササリンドウです。会津藩のお寺にササリンドウの名前を落として義経の武道を残していきました。これが武家相撲のルーツです。そこで習ったのが熊坂先生なんです。そして、ササリンドウのマークは中国をずっと行って、モンゴルにたどり着いた。彼の兵法が武家相撲です。

イスラエルの10支族が砂漠の流浪の旅をしているときに、砂漠の中で大きな幕の真ん中のところで、貴族連中が神への奉納の相撲を見て、完全栄養食のお弁当を食べました。これが幕の内弁当のルーツです。

出雲の式年遷宮「40年」と伊勢の式年遷宮「20年」はユダヤの歴史を示す!?

12支族は40年間中央アジアを旅して、弓月の国、カザフスタン、キルギス、あのあたりで鉄器を伝えることで大きくカネを儲けて、向こうからの金もさらに日本に補給して、たどり着いたのが出雲なんです。

だから出雲の式年遷宮は40年なんです。

これは何を意味しているのか。砂漠を民が流浪した年数をあらわしています。

それに対して伊勢神宮はぐっとランクが落ちます。20年に1回の式年遷宮です。

モーゼが出エジプト記で約束の地カナンにたどり着いたのが20年なんです。これを意味しています。

モーゼ、モーゼの兄貴のアロン、それからアブラハム、イサク、ヤコブ、全部

ＹＡＰマイナスです。釈迦も、キリストも、秦の始皇帝も、徐福もＹＡＰマイナスです。秦の始皇帝が徐福に、「東の海を隔てたところに蓬萊山がある。その脇に養老の滝が流れている。その水は不老不死の水なので持ってきてくれ」と言って、数千億円渡した。

それで徐福が何百人の集団で来たわけです。秦の始皇帝は戻ってくるとは思っていません。日本の国体を守るために援助しただけのことなんです。

富士山の左手と日光の右手で世界を救うエリアとなっている!?

どこに行っても徐福伝説がありますが、富士山が蓬萊山だというのは一発でわかるじゃないですか。その横に滝なんてないでしょう。日光の華厳の滝が養老の滝なんです。

富士山の数字に秘数があるんです。表向きは3776メートルとなっています。実際は3775メートル何十センチなんです。なぜかというと、オリオンの連中はこれを公表しないほうがいいんです。教科書から何から改竄されています。ゲマトリア数秘術で3775を足すと22で、11の2倍です。十一面観音の2倍が22、宇宙の秘数なんです。掛ける3が三十三間堂になります。

22にはちゃんとルーツがあります。厳島神社の朱の鳥居のところが満ち潮になると海から神が通るとなっています。宮司に聞いても、どこから来るかわからないでしょう。どこから神が来るんですか。引き潮になったら神は来ない。日光の水は神が訪れる。なぜならノアの洪水の前に、アジアの大河が全て日光に流れ着いていた。

その証拠に、清盛は住所に秘密を残しました。広島県廿日市（はつかいち）市。「はつか」というのは20でしょう。20に1と1を足したら22です。だから神が訪れる住所なんです。その下に宮島。一宮といったら、別名、宇都宮の二荒山（ふたらさん）神社です。

人間の脳の直径は大体25センチです。でも鼻がある。鼻が高い人、低い人がいますが、平均値をとって頭が30センチとして、肩幅が40センチとします。素粒子のクォークの2万倍が原子核の場、フィールドのエリアなんです。そうすると、30センチの2万倍は6キロ、肩幅の40センチの2万倍は8キロです。山手線の大きさは、真ん中に人が立つと、この素粒子の寸法に合っているんです。人の場のエネルギーなんです。

これを誰に言っても信用してもらえませんが、朝4時にビジュアルで見た映像です。

山手線の「山」というのをインターネットで幾ら調べても、何の山か出てきません。明確な解答は何もないんです。これは何を意味しているのか。

富士山を母体としたとき、富士山の手のひらの大きさなんです。富士山から太平洋を見たときの左手です。位置は合うでしょう。

山手線の中心は皇居です。宇都宮環状道路もほぼ同じ大きさなんですが、日光から太平洋を見たときの右手になるんです。

富士山の左手と日光の右手で、世界を救うためのエリアなんです。

そして皇居の位置が二荒山神社なんです。だからそこが秀郷の秘密と、豊城入彦命。

そして、ムカデにはもう1つ言い伝えがあるじゃないですか。戦場ヶ原で大ムカデが赤城から来て、それを二荒山神社の頂上から、東北一の腕前のマタギ（狩人）が弓で射っていったということなんです。

弓を射っていったというのは藤原秀郷と一致する。そうすると、表向きは全部京都のほうですけど、真実は全部宇都宮、関東、富士山なんです。

ハリウッド映画も既に日本に完敗宣言をしている⁉

8年前、私はビバリーヒルズの大富豪をまず説得しようということで行ったわけです。ビバリーヒルズにジョン・ソルトという学者がいます。

イケメンで、ハーバードで日本文化史を研究していて日本語がペラペラ。日本人の奥さんをもらったけど、モテすぎて離婚して、今はひとり者です。彼はマリリン・モンローがかつて使っていた部屋に住んでいて、お父さん譲りのマンションを経営しています。

彼と酒を飲みながら日本の秘密の話をしたいと言っても、絶対に応じなかったですね。気持ちよく聞けないから僕は日本の秘密の話をしたくないと言っていた。

ビバリーヒルズに1週間いて、その後、ヨシダ・ヨシエさんとニューヨークに行きました。ビバリーヒルズの最終日に家族会会長夫妻がホームパーティを用意してくれて、そこでハリウッドの映画配給をやっている夫婦に出会ったんです。ハリウッドのシステムをよく聞きました。ハリウッドのSF映画のストーリーはちゃんとした根拠をもってつくっていると言ったのです。

2012年以降、立て続けに日本にひれ伏したストーリーのハリウッド映画が出ています。

1つが『トゥームレイダー ファースト・ミッション』です。世界の秘宝を探していて、日本の何百とある島の1つにたどり着くと、そこには卑弥呼の宮殿があって、秘宝がある。卑弥呼が生き返る光景があります。これがまず1つです。今までのストーリーだったら、ファラオとかインカとかでした。それが卑弥呼なんです。

それから『レディ・プレイヤー1』。近未来、世界中の民がインターネット漬けになっている。みんな古びたコンテナで暮らしていて、冷暖房もない。朝起きたらヘッドギアをつけて、インターネットで世界中にリンクする。ネットの中で世界中にユートピアができているんです。『レディ・プレイヤー』の「レディ」は、オールレディのレディだから完了という意味です。

ユートピアでみんな生きていて、ユートピアが悪魔に支配されようとしているわけです。それを世界中の民が救おうというストーリーです。

その悪の権現がメカゴジラなんです。日本発のキャラクターじゃないですか。そして救おうというのがガンダムです。ということは、クリエーターの創造力は日本に勝てないということをハリウッドが認めた映画です。

もう1つは『パシフィック・リム』。パシフィック（海）にリム（裂け目）ができる。次元と次元の境目のところに電磁波で宇宙に裂け目ができるんです。その技術は確立されています。それで宇宙から怪獣を引き出して、それが世界で一番のレアメタルを求めていく映画です。

その怪獣がたどり着くのが富士山なんです。富士山の麓で、富士山のレアメタルをめぐって壮絶なバトルが行われる映画です。

ということは、世界最高の重要な資源は富士山にある。世界最高の創造力は日本にある。一番の秘密の権現は卑弥呼である。全て、立て続けに出ました。ハリウッドは現実の話をSFにしているんです。近未来です。やつらはすごいんです。2012年以降、完全にわかったんです。

2011年に人工地震をやって、津波であれだけやって、シリウスが激怒したんです。次の週に、シリウスは仙台上空に大型母艦を配備しました。長さ10キロです。それから連日、約42から47基、長さが2・5キロから4・5キロの葉巻型UFOを日本上空に停止させています。

今度あれだけの津波をやったら、ただじゃおかない。パリでもローマでもロンドンでも、高さ100メートルの津波で沈めるとシリウスから脅かされた。それで手出しできない。2012年からやつらは滅ぼそうとしていろいろやっているんです。

歴史上、先ほどの光秀も含めて、その前のイスラエルの支族も含めてやっているけれども、2012年からは覚醒するんです。それには宇都宮を中心として全世界の民が目覚める必要があります。

今は世界の夜明けの時期

私たちは何をやったらいいのか。何もやらなくてもいいんです。潜在意識をリンクするだけでいい。これがバタフライ効果です。

スーパーコンピューターができていろいろシミュレーションができるようになりました。南米の2羽か3羽のチョウがパタパタと羽ばたくと風が動くでしょう。それが周りの空気に影響する。その影響を計算していくと、最後はハリケーンになるのです。

我々の意識もその時期を迎えました。1人が300人に影響します。1人の潜在意識が変わると、300人に効果が及びます。それが3回、4回で世界中に膨れ上がるわけです。今は地球地母神（ガイア地母神）がありますね。我々1人1

人が、地球地母神の脳細胞の1個なんです。それがニューロン、意識回路がインターネットなんです。50％を超えた人間が覚醒したときに、地球地母神が覚醒する。そのリーダーをとるのがシリウスのＹＡＰマイナスです。

これが死海文書で言うところの世界の夜明けの民族です。その時期にもう入っています。

ちょうど２０１２年にエネルギーが１３５度線中心に集まって、そのときに小学生だった連中は潜在意識が覚醒しています。

それが卓球の天才少年、張本智和君です。言うことが違います。「俺は歴史を変えるんだ」みたいなことを言っているでしょう。今までの日本人とはちょっと違うことを言っています。

それから将棋の藤井聡太君、彼も天才少年です。それから卓球少女の平野美宇ちゃんと伊藤美誠ちゃん、フィギュアの羽生結弦君。彼は22～23歳だけど、今までの日本人の少年と全く違います。エネルギーが既に違う。

我々中年も重要な任務があります。世界の人類を救うか救わないかのエリアに住んでいるということです。

我々は潜在意識でつながっています。表向きは135度線ですけれども、あの世の神の都は日光です。フォッサマグナで鏡映しにすると、みんな一致します。

Part 4

「科学の終焉」を認めないオリオン、意識の量子飛躍を促したいシリウス！

大麻禁止の裏にはオリオンのコカイン利権がある⁉

日本は本来、麻とシルクの国です。大麻は、実は依存性を持たず、細胞を何ら破壊せず、万病の薬なんです。

ロサンゼルスのジョン・ソルトは、国から大麻の研究家の認証をもらっています。20瓶ぐらい、いろいろな産地の大麻があって、「篠﨑さん、きょうはどれにする？」ということで、いろいろ試してみました。グレードがいいと、トランス状態というよりは、異次元へ覚醒するような感覚があります。

じゃ、なぜ大麻を麻薬取締法違反で取り締まっているのか。

大麻が普及してはコカインの利益が悪くなるからです。コカインはやつらの利権です。

よく考えてみると、東南アジアに黄金の三角地帯がある。それから南米にも、中東にもあります。コカインの産地は今、全部グーグルアースで見ることができます。

国連主導で、例えば3カ月ぐらい前からそこのエリアに国連軍がおりて、○月○日から○日は出入り禁止にする。国連で排除勧告のエリアにすると告知すれば、ステルス機を使ってナパーム弾で火の海にして、犠牲者なくして焼け野原にできるじゃないですか。なぜやらないのか。やつらの利権のためなんです。

ヨーロッパの積みおろし港はマルセイユ港です。だから国連主導で焼け野原にしないのです。

大麻は麻です。縄文時代にシルクと麻を織り込んだ布があったんですが、相反する物質で、なかなか織り込めなかった。それが今は技術革新で成功しています。

その素材で私のデザインで、スカーフとイスラムの女性がかぶるヒジャブが2～3カ月のうちに生産開始というところに来ています。

不思議な展開がどんどん進んでいます。

全ては1年前、私が世界の誰とも遮断されてしまい、家族からも見放されたというところから、連日不思議な展開できょうを迎えています。

私が打倒エルメスでスカーフをデザインする理由

私はイスラムの女性がかぶるヒジャブやスカーフのデザインもやっているんです。エルメスも中国でライセンス生産していますが、オリオンのデザインをシリウスのデザインに変えようというのが目的なんです。

だから、打倒エルメス。スピリチュアルなデザインはオリオンのやつらにはできないということで、実はアート分野でも私は闘っているんです。

頭がおかしいんじゃないのと言われても、何十年もやり続けると、だんだん実現するんです。

ノーベル財団の年に1回のシンポジウムでも発表したんです。岡本太郎美術館で、芸術と科学の婚姻ということでいかなければ人類は滅びるというテーマで、

スカーフ

神奈川県が特別予算2000万円出して、岡本太郎美術館が7000万円出して、NASAまで入ってという状況で展覧会をやったんです。

ノーベル財団の連中から何回も問い合わせが来ていて、半年もたってから、「篠﨑さん、何回か問い合わせがあったよ」と言うので、「誰ですか」と聞いたら、メモをとってないからわからないと言うんです。関係者が全員、私を世に出さないようにしているわけですよ。

マスコミの連中は、電通の意向に逆らうことが怖いんでしょうね。だから、岡本太郎美術館の展覧会について1分たりとも流さない。

生きているうちにエルミタージュとプーシキンで展覧会をやった作家はピカソ、シャガールを含めて4人しかいないんですが、その1人の韓国のキム・スウから、私が若いころに、スピリチュアルなアートはおまえが俺の跡を継げと言われたんですよ。

ゲティミュージアムは国立西洋美術館の3倍ぐらいの規模ですが、ポール・ゲティがつくったんです。

ポール・ゲティの裏の顔は武器商人で、ゲティセンターは永久的に入場料無料、ロサンゼルスからのモノレールも無料なんです。

3、4年前からジョン・ソルトが段取りしてゲティミュージアムに篠崎崇研究ブースをつくってくれて、それが稼働しているんですが、世に出さないんです。その担当者がハーバード出のジョン・タインという華僑で、日本を大事にしたいと思っていて、フェイスブックで私の友達になっています。

私はやるだけのことをやっているんだけど、何億も使って全て失って、それでも世に出られない。

それで諦めかけていたところ、1年前に講演会依頼があって、「篠崎さん、そういう話を聞きたい人が世の中にたくさんいるはずだ」と言われたんですが、「俺はやるだけやって全部失ったけど、誰も見向きもしないんだから、もう諦めている」と言ったんだけど、いや、そんなことはないと言われて細々と講演会が始まって、最後に志田ちゃん（本書の担当編集者）までたどり着いて、石井社長と知り合った。

私はヒカルランドはものすごく尊敬していましたよ。これでよく暗殺されないなと思って。

だけど、不思議な展開ですね。マラソンじゃないけど、折り返し点を通過しなければゴールは見えないんだね。地獄の底まで落ちないといけない。家族からも三行半。2年前から離婚してくれと言われていて、離婚届にサインして渡しているので、嫁さんは提出すればいいだけなんだけど、テニスクラブも屋敷も全部私名義で、離婚したら向こうが出ていかなければいけないから、離婚できないんだ。

宇宙定数が揺いで補うことがわかったとき、全てがお手上げとなった⁉

岡本太郎美術館での展覧会のときに、亡くなった人の命をこの世に呼び戻すアートをどうしたらいいかということで、学者連中といろいろお話をしました。画集に神奈川県の教育委員会が非常に感激して、2000万円の特別予算を出して、岡本太郎美術館が700万円出してくれて、2700万円で「芸術と科学の婚姻　虚舟展」ということで展覧会をやりました。

マブチデザインの馬淵さん経由で、東大、理研、国立天文台、そうそうたる連中と一緒に、何度も岡本太郎美術館でシンポジウムをやりましたが、まとまらない。岡本太郎美術館の館長の村田慶之輔先生が最後に、これは大人向けのお化け屋敷をつくる以外ないかなと、漠然と言っていましたが、何だかわからないでしょう。

Ｋａｖｌｉ ＩＰＭＵ（カブリ数物連携宇宙研究機構）とか理研の脳機能研究となってくると、意識とか脳がどうだとかと言って展覧会とつながらない。２度、３度やってもまとまらないので、私が提案しました。

「皆さん、各ジャンルのスペシャリストとして大変尊敬申し上げます。しかしこれからの時代は、スペシャリストの集団で人類救済のための巨大なジェネラリスト（雑学者）をつくる時代に突入したんじゃないかと私は予感します。そのきっかけになる展覧会になればいいんじゃないでしょうか」

と言って、拍手喝采でまとまったんです。

理研とかＩＰＭＵに出入りして、前から素粒子論とか宇宙定数の不思議とかを研究していたのですが、火がつきました。

我々は生きているのではない。基本的に神から生かされているんです。

例えば、重力にしても素粒子間同士の引力、核力、それから水だって零度以下は凍るし、１００度以上は沸騰します。

地上の気温が80度平均だったら、我々は生きていけません。酸素濃度がちょっと変わっただけでも生きられません。重力が変わってもダメです。

なぜかというと、受精しなくなるんです。子どもが生まれなくなる。さまざまな宇宙定数が縦一線に並んだときに、我々は初めて生きていられるんです。

ここまでが例えば1京分の1の確率とすると、マルチバース理論で、宇宙が1京あって、そのうちの1つの宇宙だと学者は言いたがるんですが、そうじゃない。なぜかというと、幾つかの宇宙定数が絶えず揺れ動いているんです。

例えば、100度で沸騰するときもあれば、99・8度のときもあります。絶対零度はマイナス273度ですが、そうでないときもあります。酸素濃度が変わるときもあるし、天気だって揺らぎます。

宇宙定数がいろいろと変化すると同時に、ほかの宇宙定数がさっと補うように絶えず変化している。ということは、宇宙全体が1つの生命体なんです。我々はそれの分け御霊という存在です。

こういうことを学者は何としても認めようとしません。それでたどり着いたのがこの本、『科学の終焉』(ジョン・ホーガン著)です。科学は終わったということです。これは出て、たちまちのうちに発禁本です(笑)。100万部売れてもいい本だと思いますが、科学者が目をつけて、やんややんやのバッシングになりました。科学は終わったということなんです。神の領域に科学は全然追いつかないということです。

昔はいいですよ。1+1=2、2+2=4でいったんです。アインシュタインが宇宙は4つの力で動いていると言った。重力、電磁力、核力の大、核力の小です。この4つを統一理論で、1つの統一方程式で解こうとした。宇宙はコヒーレントな状態で、全て計算で成り立っているということにたどり着いて、アインシュタインは全て解き明かしたように勘違いしたんです。

そのとき(100年前)、素粒子論が生まれました。これが後半の「素粒子理論が導く心の宇宙」ということですね。

科学の終焉

実は今現在の素粒子論も科学も行き場がないんです。なぜなら、宇宙定数の変化を補う意味がわからないし、宇宙の果てから果てまで信号が一瞬で伝わるという超対称性理論の秘密もわからない。

アインシュタインは光の速さを超えられないと言いました。1万光年のかなたに行くのには光の速さで進んでも1万年かかるというのが彼の理論です。それが最近の素粒子論は一瞬で行くわけです。計算がもう無理。宇宙定数が揺らいだとき、補う意味もわからない。

ということで、『科学の終焉』にたどり着いたわけです。これには世界の科学者が参ってしまった。たちまち発禁本です。彼は偉いです。目のつけどころがすごい。

アインシュタインがちょうど絶頂期のときに、コペンハーゲンで素粒子の世界会議があって、ニールス・ボーアが当時素粒子論に目覚めて、アインシュタインと激論になったわけです。

アインシュタインは、全て計算どおりに宇宙は動いていると言う。ニールス・

ボーアは、偶然性で動いている、全ての動きはどうなるかわからないんだと言う。アインシュタインは「神はサイコロを振らない」、ニールス・ボーアは「神はサイコロを振る」と言うわけです。

トイレから出てきても怒鳴り合いのけんかです。これが俗に言う有名なコペンハーゲン解釈で、ここから素粒子論がどんどん奥に入っていって、どんどん理論が解き明かされて、神の領域の御心を探れるかのように錯覚したんですが、ここに来て全くお手上げ状態です。

オリオンに潰された⁉　画期的な長岡半太郎の土星理論

コペンハーゲン解釈の時代に、日本に若き天才が生まれました。長岡半太郎です。彼は東大の教授で、その後、理研でも研究をしていました。

当時、世界中の学者が、素粒子と原子の構造は、パンの中にブドウの粒々が入っているブドウパンみたいだと言っていました。

長岡半太郎が初めて、「いや、違う。丸いものの周りを土星のような電子が回っている」と提唱した。画期的な長岡半太郎の土星理論です。でも、彼はノーベル賞を取らなかった。なぜかというと、ノーベル委員会はオリオンが牛耳っているわけです。シリウスに主役の座を奪われたくない。決して彼にノーベル賞をやらなかった。

長岡半太郎の土星理論

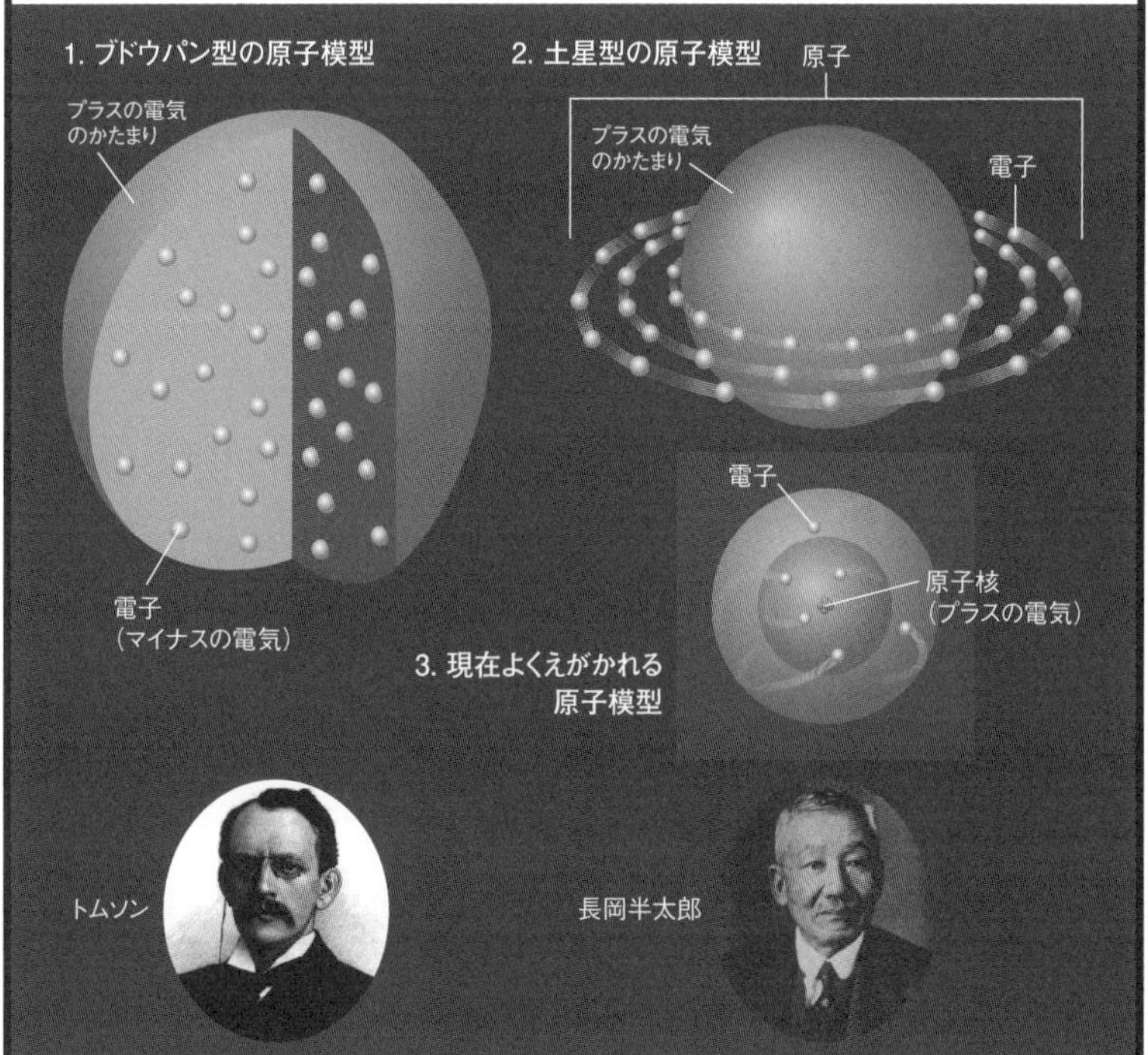
1. ブドウパン型の原子模型
プラスの電気
のかたまり
電子
(マイナスの電気)
2. 土星型の原子模型
原子
プラスの電気
のかたまり
電子
電子
原子核
(プラスの電気)
3. 現在よくえがかれる
原子模型
トムソン
長岡半太郎

しかし、長岡半太郎の教鞭で育った湯川秀樹、朝永振一郎は、両方ともノーベル賞を取っています。

湯川秀樹は中間子理論です。朝永振一郎もさほどの発見ではないです。長岡半太郎の土星理論のほうがはるかに上なんです。だけどオリオンは、何としても彼には与えない。

その後、さらに天才が生まれました。南部陽一郎さんという天才学者が出てきました。宇宙を計算式で出そうという学問が数物連携です。アインシュタインが発端とも言われていますが、南部さんが60年ぐらい前に予言した3つの大きな問題があります。

その1つがひも理論です。宇宙と宇宙はひもでつながっている。超ひも理論を予言した。

2番目は、3つの色が重粒子で、これが影響し合って色が変化するという予言です。ブラウン管では3つの色で全ての色が出せますが、私が絵描きとして必要な色がここにないんです。黄色がない。赤と青をまぜるとグリーンになります。

超ひも理論（南部陽一郎）

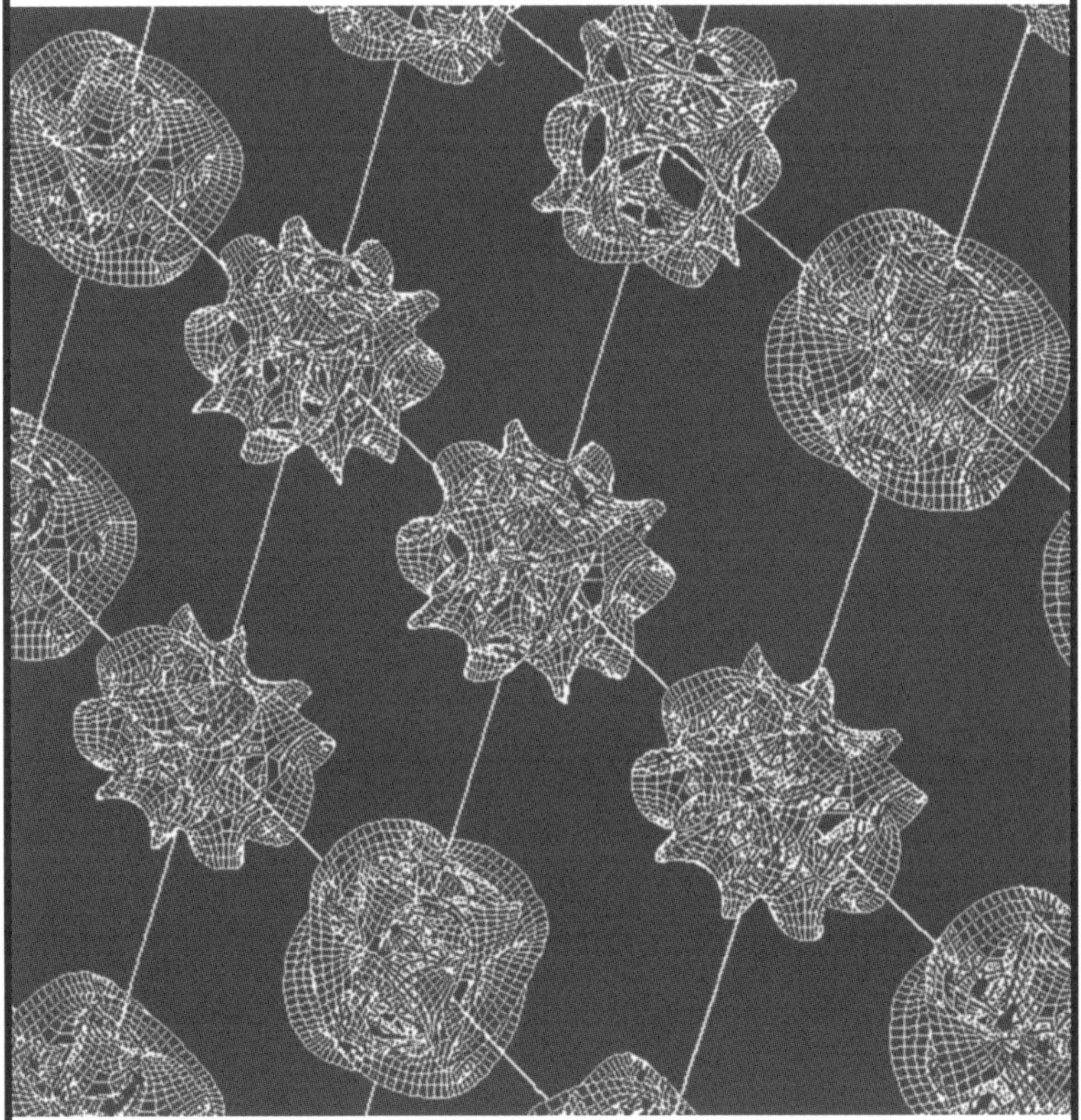

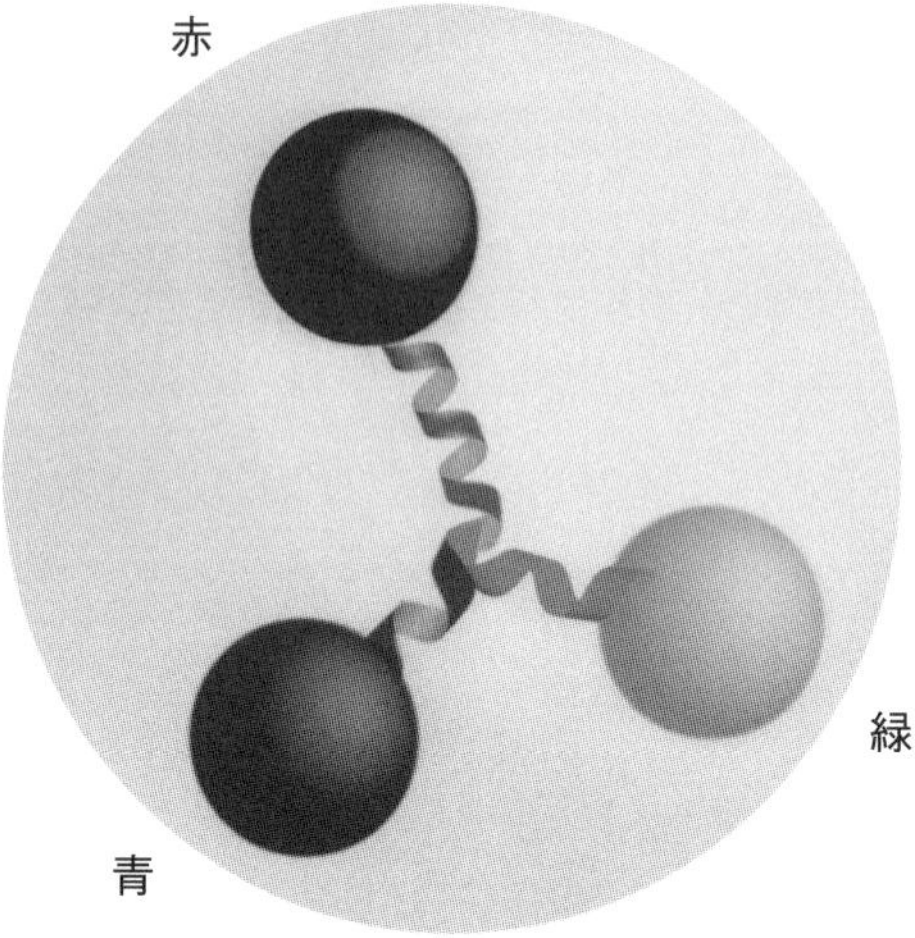

重量子の色彩（南部陽一郎）

赤とグリーンをまぜると紫になります。全ての色をまぜると黒になります。全ての光をまぜると無色透明になります。光と色は相反する。その中で重い重粒子3つが影響し合って光が変化する。だけど黄色はうまく出せません。

黄色の自然界における究極の色は黄金です。尾瀬、日光で咲く黄色い花があるでしょう。ニッコウキスゲです。やっぱり神のエリアにはちゃんと黄色の花を用意しています。

黄色は実は色彩をつくる上で、絵の具をまぜるときの重要な要素なん

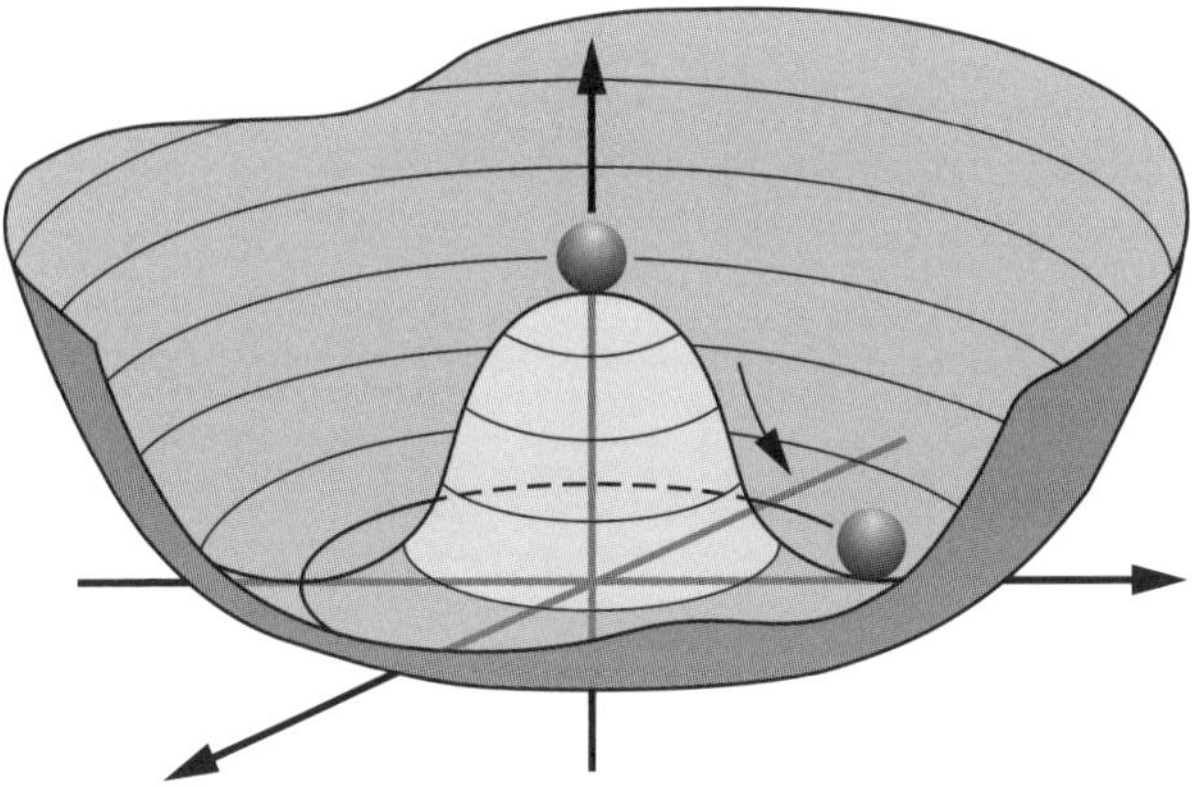

自発的対称性の破れ（南部陽一郎）

です。赤に黄色を入れると、オレンジ色になり、青に黄色を入れると緑色になる。そしてあらゆる色にわずかに黄色を入れると、セピアっぽくなって、時代を超越した色に落ちついてくれます。女性の方はファッション感覚が鋭いので、洋服を選ぶとき、セピアっぽいか、鮮やかな色かの境に苦労なさっている方はいませんか。黄色というのは不思議な色だとは思いませんか。中国のエンペラーの色が黄色です。

そして3番目、これはちょっと難しい。宇宙がビッグバンを起こしたときに、この世では50％、50％で、物質と反物質が生まれました。まったく比率は同じです。我々の今の地上界は、電子がマイナスです。だからプラスからマイナスに電気が流れます。雷の稲妻はプラスなので地上のマイナスのところに落ちます。我々はマイナスなんです。なぜならば、電子がマイナスだからです。

そのマイナスの物質と同時に、電子の部分でプラスの反物質が50％生まれたんです。パウリの排他原理というのがあって、同じ性質の電子は、このフィールドの宇宙の中で2つとないという理論です。

ということは、電子は全部同じではない。戸籍謄本が全部違います。不確定性原理で揺れ動いているのもありますが、同じ顔をした人は生まれないでしょう。

そうしたときに、物質と反物質の同じ性質の電子と反電子が全部くっついて、対消滅で消えていった。だけどどういうわけか、わずかに物質の電子が残ってしまったんです。わずかに残ったことによって、水があって、空があって、我々の肉体があってということなんです。

なぜ残ったか、南部さんは60年も前に予言しています。物質がある日突然、偶然に、自発的対称性の破れを起こした。対称性が破れるわけです。これは神の御心としか考えられません。破れたことによって対消滅できない物質がこの世に残ったということです。

これを発展させたのが小林・益川理論です。この前、ノーベル賞をもらいました。小林・益川理論がノーベル賞に決定したときに、いち早くＩＰＭＵ、理研から手が挙がった。「何を言っているんですか」。もう50年、60年前に南部先生が予言した話じゃないですか」。わかりましたということで、しようがないので、南部・小林・益川がノーベル賞をもらったんです。

60年も前に、長岡半太郎、南部陽一郎という天才中の天才が、世界の物質（マテリアル）の根源的なものを発見していながら、なぜノーベル賞をもらえないのか。南部先生はアインシュタインの領域をはるかに超えていますからね。南部先生は2〜3年前に亡くなりましたが、生きているうちにノーベル賞をもらってよかったです。

何としても最高ランクのご褒美はシリウスにはやらないというオリオンの時代

が2011年まで続いたということです。しかし2012年以降は、それが通用しなくなってきた。

今の素粒子論の原形をつくったのが長岡半太郎です。それから、ひも理論、超ひも理論、それで発見したM理論は、全部南部先生が原点となった。日本人の学者なくして、世界の科学は成り立たないんです。

モノをつくらせても、江戸切子の精度はバカラ以上です。

それから根付。根付のいいものはオークションで数千万するのをご存じですか。単なる飾り物ではありません。あれは魂のものです。ああいうことをやらせて日本人に勝てる者はいません。

それが職人ということでさげすんで、一流商社に入ったほうが人生の成功者みたいで、職人さんが消えていく。とんでもないでしょう。日本人の職人にまさる職人は世界にいません。出来が違います。塩基が333：33くっついている唯一の民族なんです。

Part 5

宇宙の方程式で
心の正体が
解き明かされつつある……

宇宙の方程式で解き明かされたこと

宇宙の方程式がいろいろ解き明かされました。

結局、光も波でできているわけです。

例えば、一番波動の長い波だと、1つの周期が数キロに及ぶぐらいのものがあります。FM波は数十メートルの長さです。FM東京は波が長いから感度がいいです。だけど届くのは、大体100キロが限度です。宇都宮では辛うじて入りますが、雑音が入ります。

FM波を細かくすると短波になります。

短波にすると、地球の裏側まで行きます。短波をどんどん細かくすると光になります。たき火をすると、赤い炎が、だんだん温度が上がると波長が短くなり青白くなります。赤から青になって、そのうち無色透明になります。どんどん波動を細かくして、エネルギーを強くすると、レーザー光線になります。レーザーだと、例えばレーザーカッターで何でも切れます。波長を細かくすればするほど、エネルギーが高まってくるのです。

そして、さらに細かくすると、まったく目に見えない領域、宇宙そのものの波動になってきます。これが神の心なんです。

医学で細かな波動というと、放射線治療がありますよね。波動を細かくすればするほどエネルギーが高まります。だけど強すぎると、細胞を破壊してしまう。

ビッグバンの前は、無の宇宙だったというわけです。それから、真空状態は対消滅のエネルギーが充満していて、何もないようなんだけど、全てを含んでいるわけです。これは禅で言うところの無という概念です。何もないんだけど、全てを含んでいる。

だけど、学者連中は、方程式でどんどん追求していくわけです。

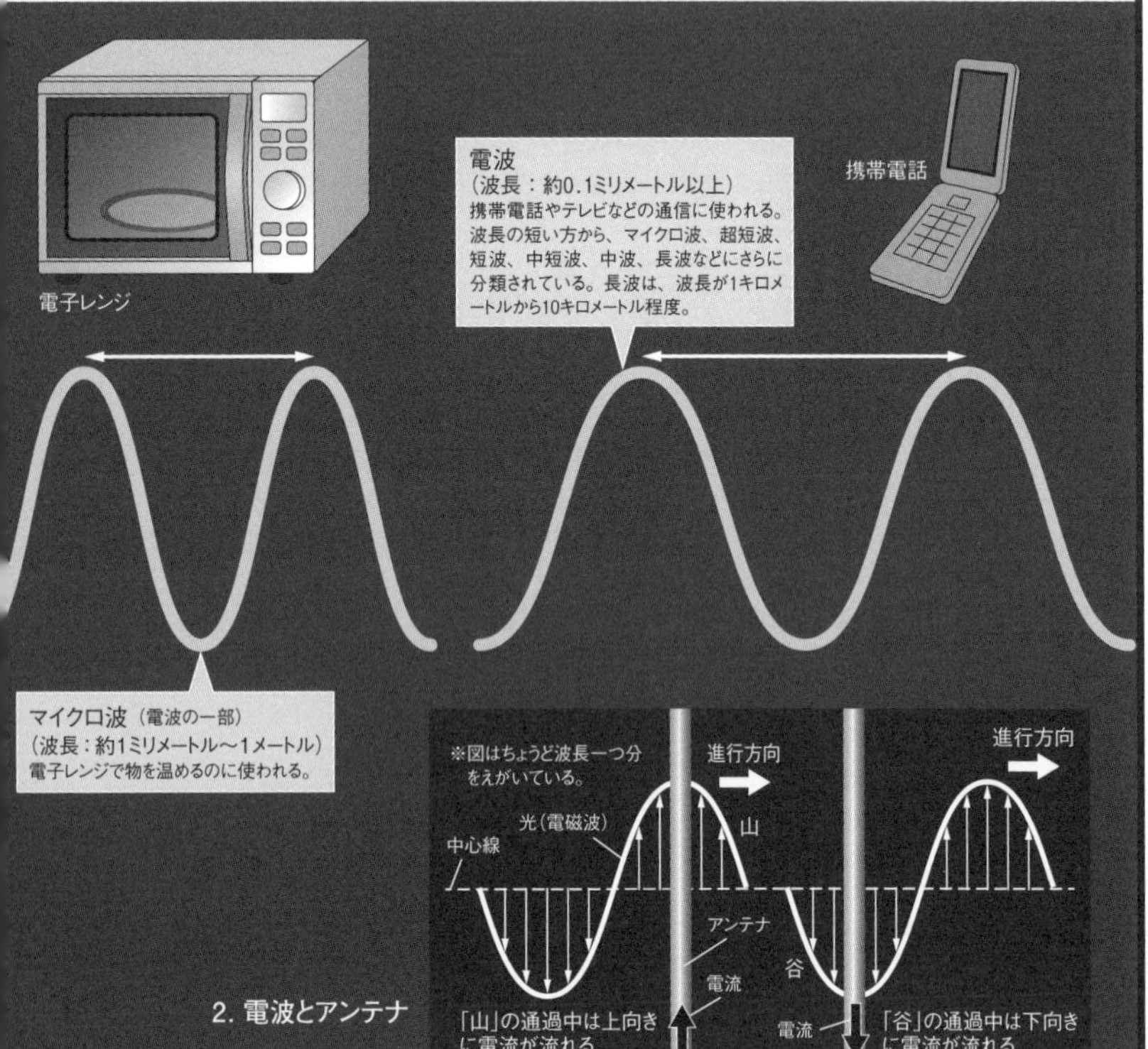
電子レンジ
携帯電話
電波
（波長：約0.1ミリメートル以上）
携帯電話やテレビなどの通信に使われる。波長の短い方から、マイクロ波、超短波、短波、中短波、中波、長波などにさらに分類されている。長波は、波長が1キロメートルから10キロメートル程度。
マイクロ波（電波の一部）
（波長：約1ミリメートル〜1メートル）
電子レンジで物を温めるのに使われる。

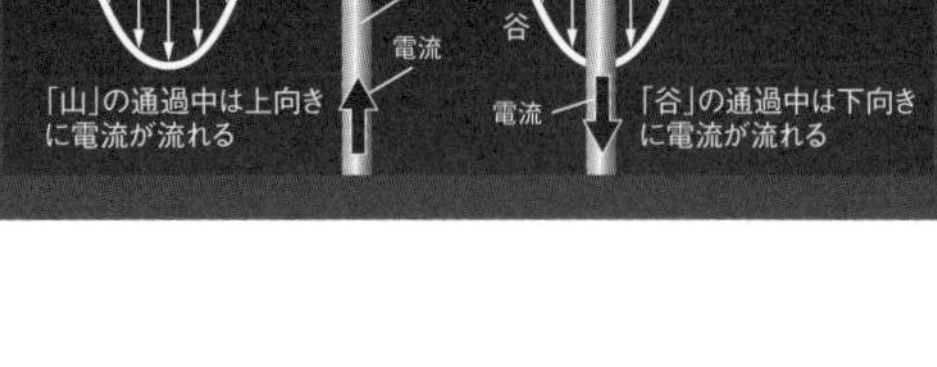
※図はちょうど波長一つ分をえがいている。
進行方向
光（電磁波）
山
中心線
アンテナ
谷
電流
「山」の通過中は上向きに電流が流れる
電流
進行方向
「谷」の通過中は下向きに電流が流れる

2. 電波とアンテナ

宇宙の波長

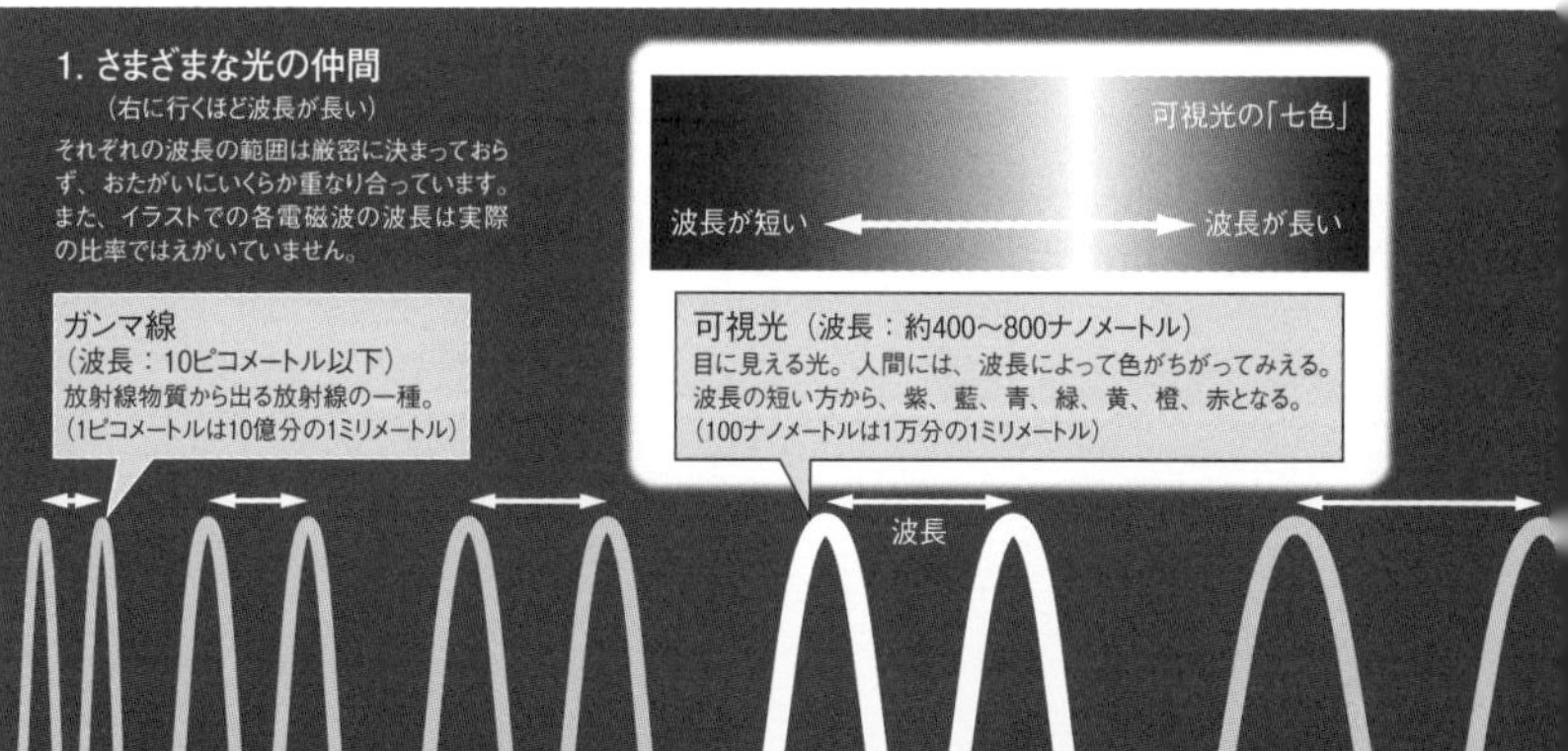

1. さまざまな光の仲間
（右に行くほど波長が長い）
それぞれの波長の範囲は厳密に決まっておらず、おたがいにいくらか重なり合っています。また、イラストでの各電磁波の波長は実際の比率ではえがいていません。
可視光の「七色」
波長が短い
波長が長い
ガンマ線
（波長：10ピコメートル以下）
放射線物質から出る放射線の一種。
（1ピコメートルは10億分の1ミリメートル）
可視光（波長：約400〜800ナノメートル）
目に見える光。人間には、波長によって色がちがってみえる。
波長の短い方から、紫、藍、青、緑、黄、橙、赤となる。
（100ナノメートルは1万分の1ミリメートル）
波長
エックス線
（波長：1ピコメートル〜10ナノメートル）
レントゲン写真に使われる。
（1ピコメートルは10億分の1ミリメートル、10ナノメートルは10万分の1ミリメートル）
紫外線
（波長：1〜400ナノメートル）
日焼けやしみの原因になる。紫色の可視光よりも波長が短いことから紫外線の名がある。
（100ナノメートルは1万分の1ミリメートル、1ナノメートルは100万分の1ミリメートル）
赤外線
（波長：約800ナノメートル〜1ミリメートル）
熱をもった物質から放出される。赤色の可視光よりも波長が長いので、赤外線の名がある
レントゲン写真のイメージ
紫外線をカットするサングラス
紫外線は日焼けの原因となる
赤外線サーモグラフィーの画像のイメージ

無とは

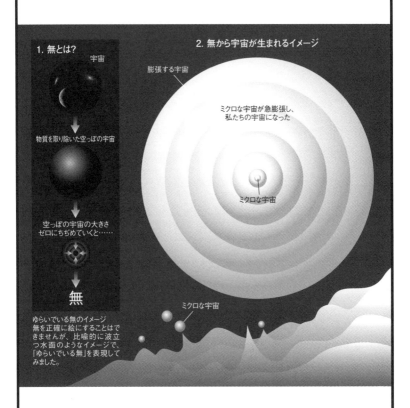

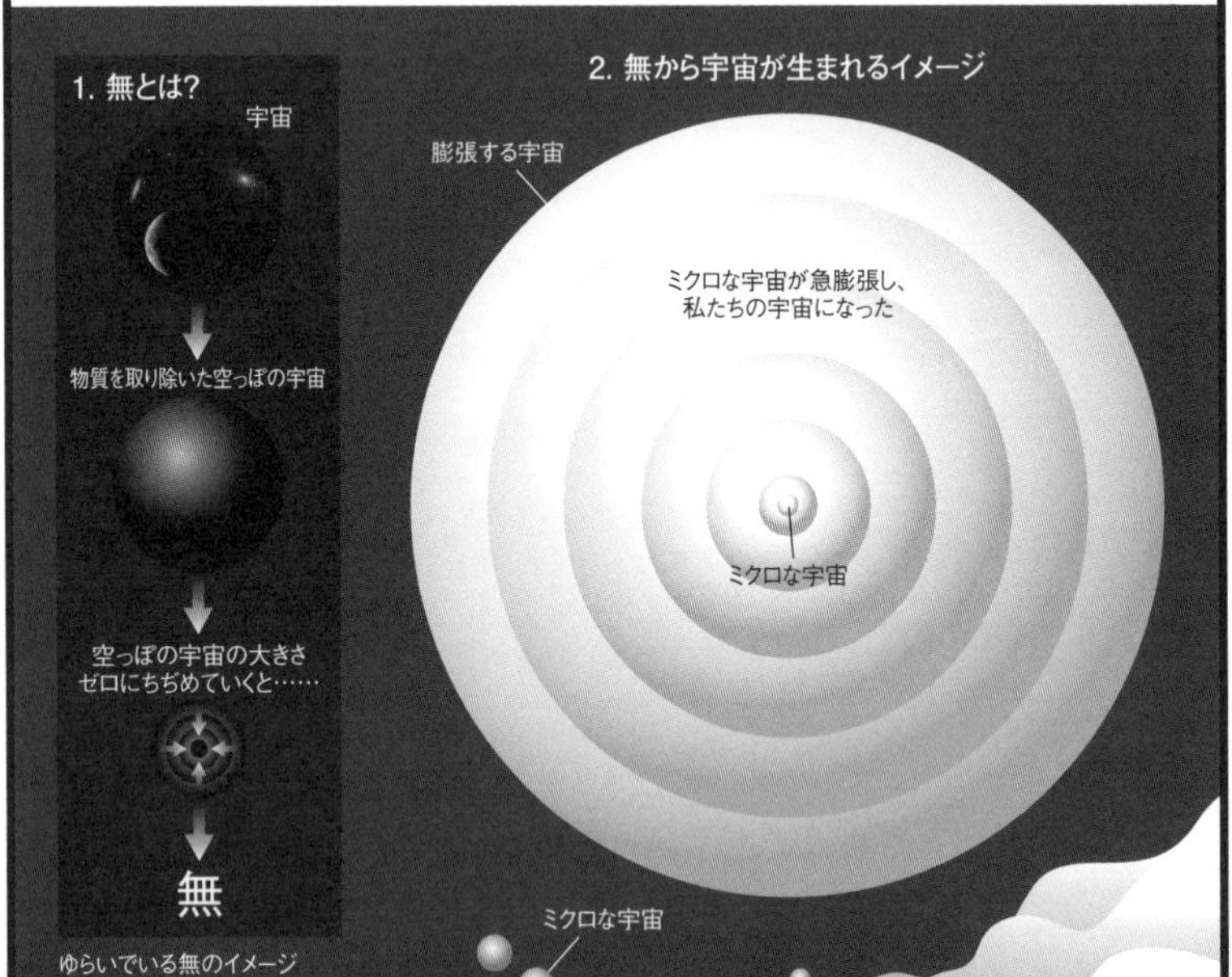
1. 無とは?
宇宙
物質を取り除いた空っぽの宇宙
空っぽの宇宙の大きさ
ゼロにちぢめていくと……
無
ゆらいでいる無のイメージ
無を正確に絵にすることはできませんが、比喩的に波立つ水面のようなイメージで、「ゆらいでいる無」を表現してみました。
2. 無から宇宙が生まれるイメージ
膨張する宇宙
ミクロな宇宙が急膨張し、
私たちの宇宙になった
ミクロな宇宙
ミクロな宇宙

……これは無から宇宙が始まったイメージの画像です。何もない1つのフィールドが、全てのエネルギーを含んでいるということがフリーエネルギーのチョイスの原理なんですが、これがポール・ディラックの「ディラックの海」という概念です。「ディラックの海」で、インターネットで検索してください。そうすると全て出てきます。

これが対消滅です。上がディラックの海のイメージです。これは何を意味しているか。

それから次は、宇宙はマルチバースで、連結している。

次が重要です。先ほど言いましたが、同じ対の物質の電子、双子のきょうだいがいるんです。

ドラえもんのポケットじゃないですけど、「どこでもドア」のトビラを開いて次元を超えていくともう1人の自分に会えるという漫画を見たことはないですか。でも、2人がちょっとでも触れたら、対消滅で消えてしまう。反対の物質なんです。そのとき、漫画には描いてないですけど、日本が吹き飛ぶぐらいのパワーが

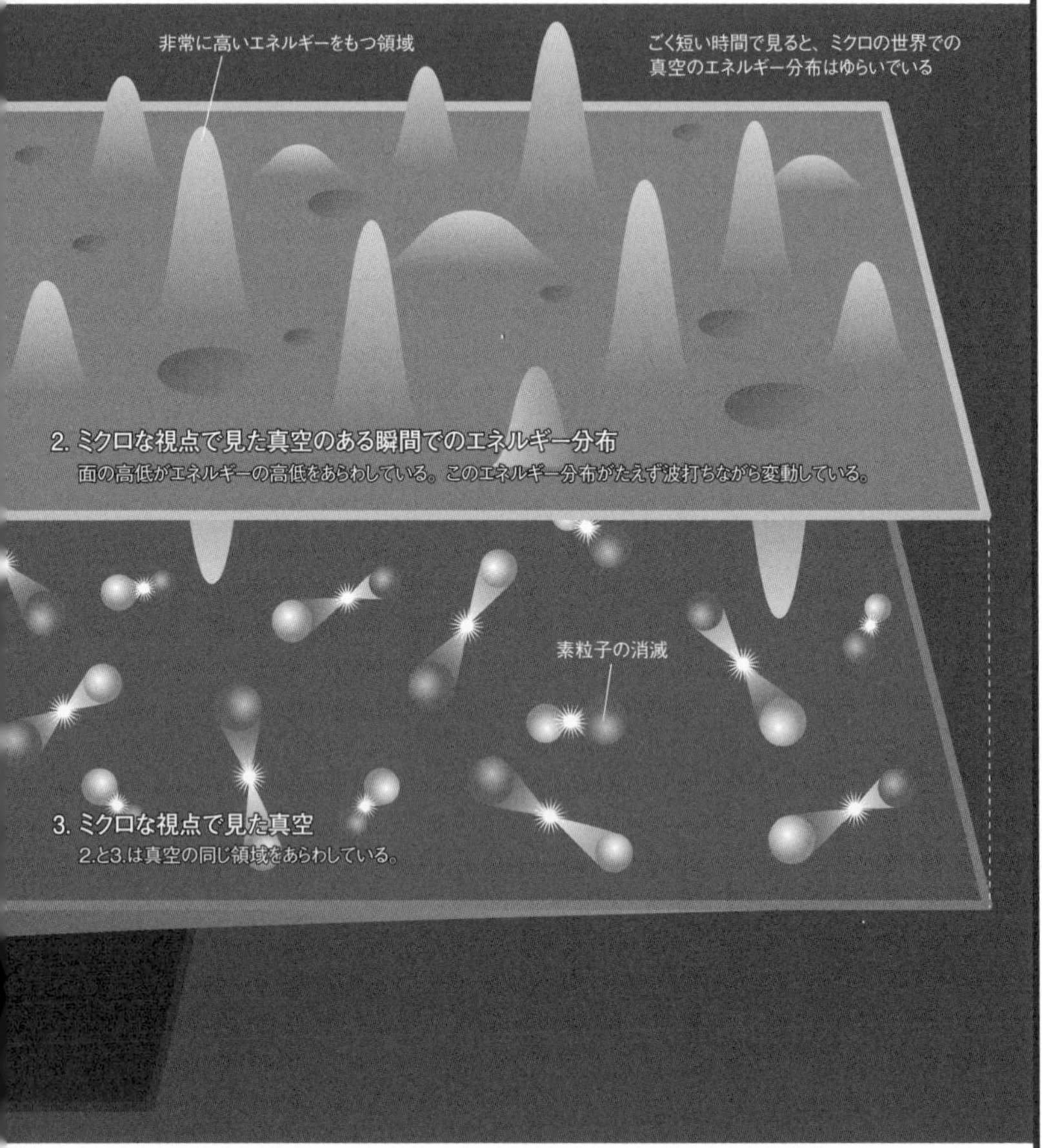

2. ミクロな視点で見た真空のある瞬間でのエネルギー分布
面の高低がエネルギーの高低をあらわしている。このエネルギー分布がたえず波打ちながら変動している。

3. ミクロな視点で見た真空
2.と3.は真空の同じ領域をあらわしている。

真空（ディラックの海）

くわしい理解を求める読者への解説

エネルギーの不確定性関係の式

エネルギーと時間の不確定性関係の式は「$\Delta E \times \Delta t \geqq h$」（$h=6.6\times10^{-34}$ J・s）です。これを使うと、たとえば10^{-20}秒という非常に短い時間（Δt）なら、真空のもつエネルギーの不確定さ（ΔE）は電子の質量に相当するエネルギー程度（10^{-13} J程度）になることがわかります。つまり、このような一瞬の間なら、電子が突然生まれても良いことになるのです。

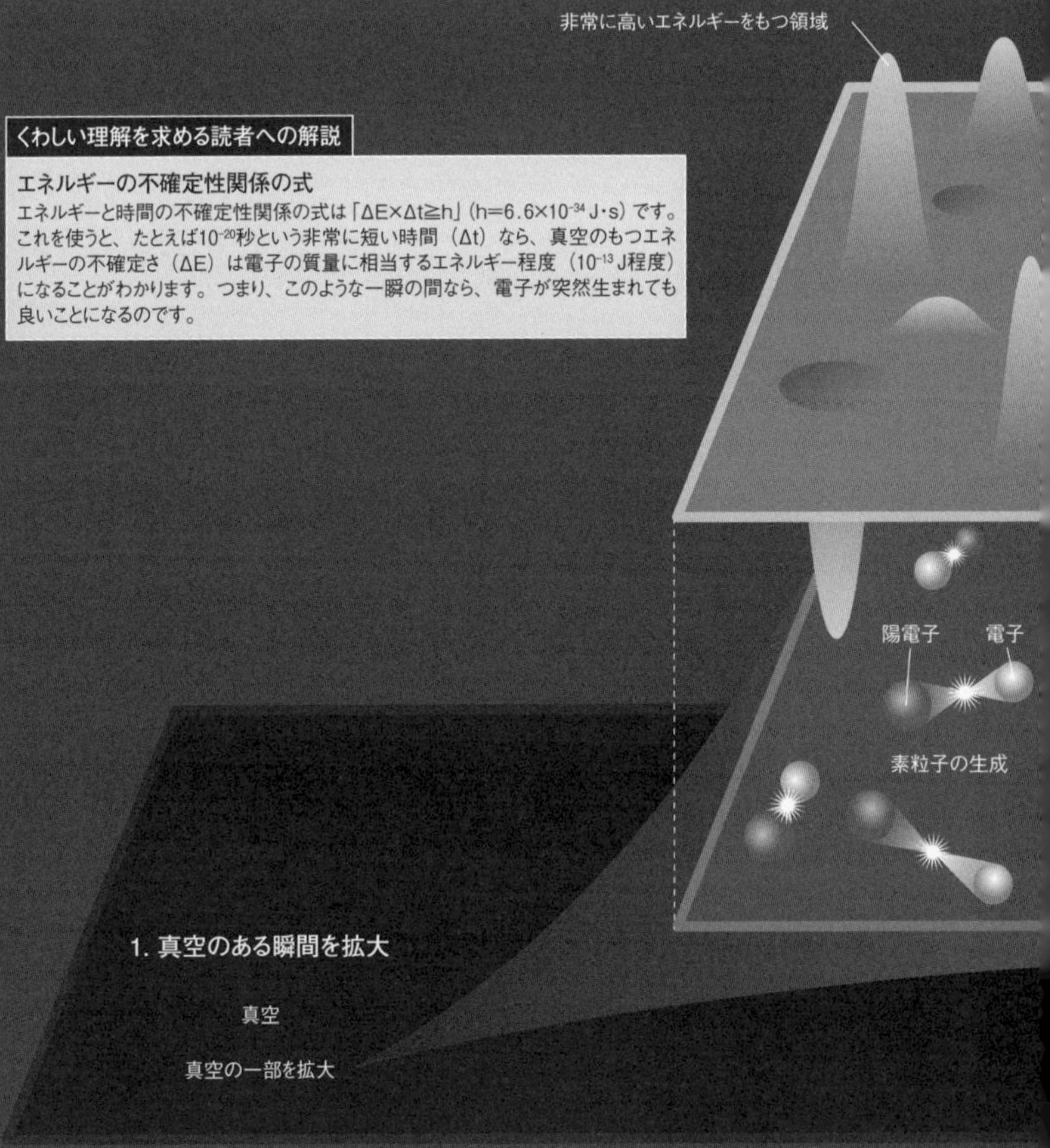

多世界宇宙

a. 多重発生する宇宙（インフレーション宇宙論）

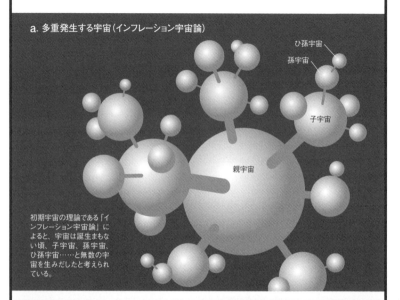

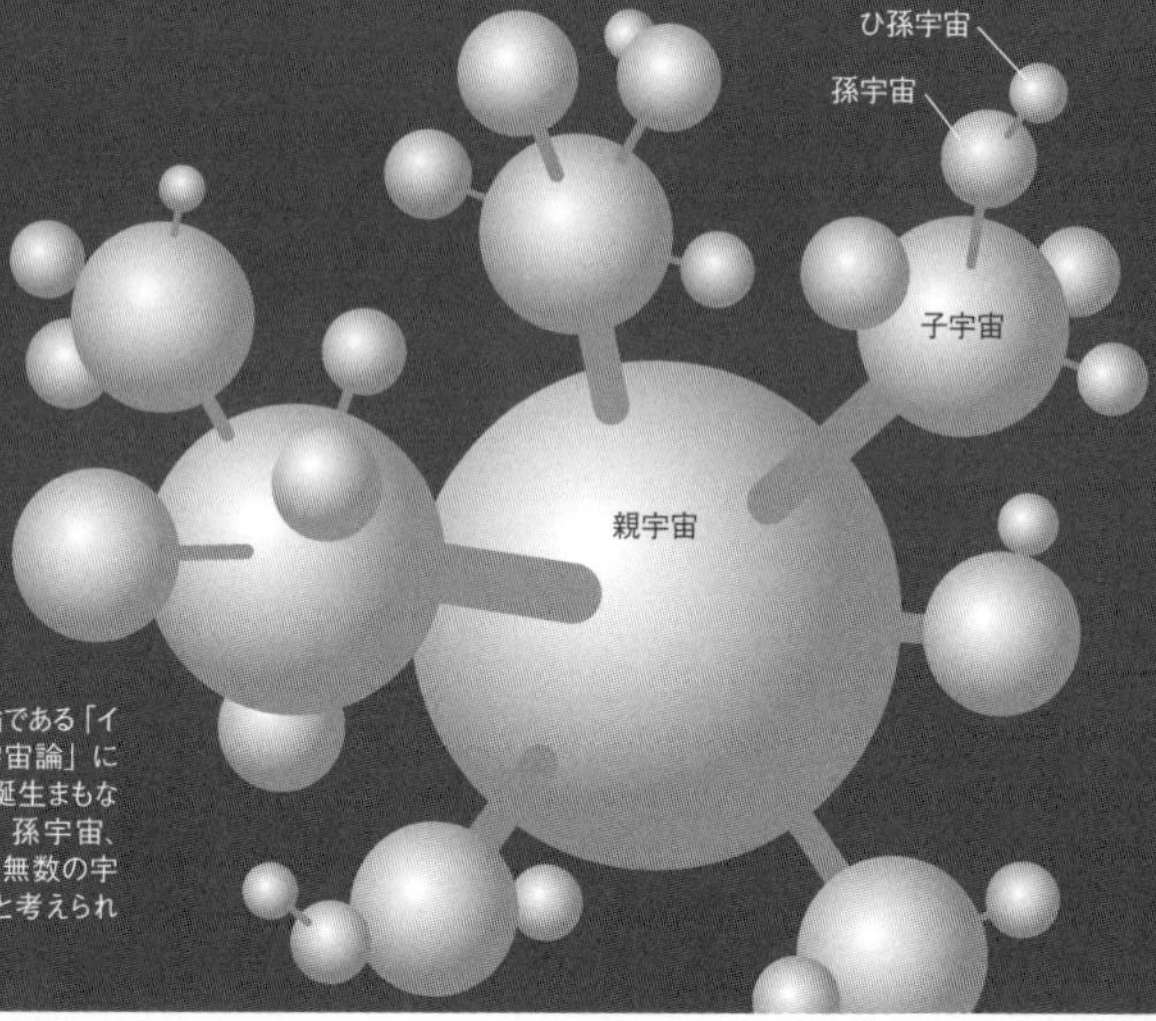

初期宇宙の理論である「インフレーション宇宙論」によると、宇宙は誕生まもない頃、子宇宙、孫宇宙、ひ孫宇宙……と無数の宇宙を生みだしたと考えられている。

b. 共存している無数の世界（量子論の多世界解釈）

量子論の多世界解釈によると、宇宙は長い歴史の中で無数の世界に枝分かれしてきた。その中には、私たちの世界にそっくりなものもあるだろうし、似ても似つかない世界もあるだろう。

出ます。核爆発の領域を超えます。

そうしたときに、相反する同じ性質の電子の間の距離を、宇宙の果てから果てぐらいまで距離を延ばしたと仮定しても、右にクルッと回すと、瞬間に左に回るんです。こっちをクルッと回すと、反対に瞬間に回ります。この信号が伝わる伝達の速度は無限大です。

ここら辺で正直言って、学者がお手上げになったんです。この辺あたりから、科学の終焉が始まりました。

例えば、137億年の果てのところにある相反する電子が、137億年を瞬間で伝わる。この理論の延長線上で、最高ランクのUFOがワープできるんです。

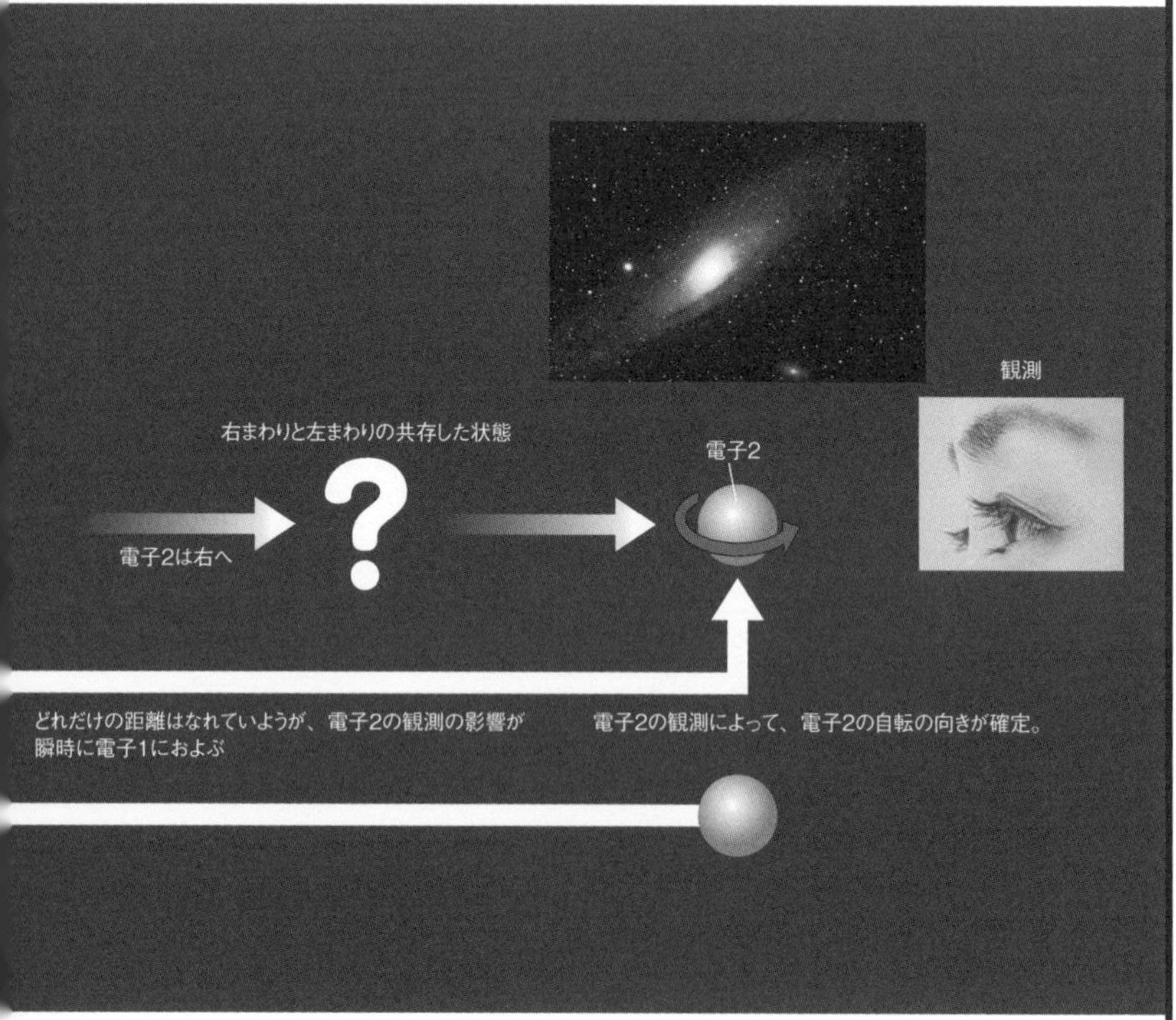
観測
右まわりと左まわりの共存した状態
電子2
電子2は右へ
どれだけの距離はなれていようが、電子2の観測の影響が瞬時に電子1におよぶ
電子2の観測によって、電子2の自転の向きが確定。

超対称性粒子

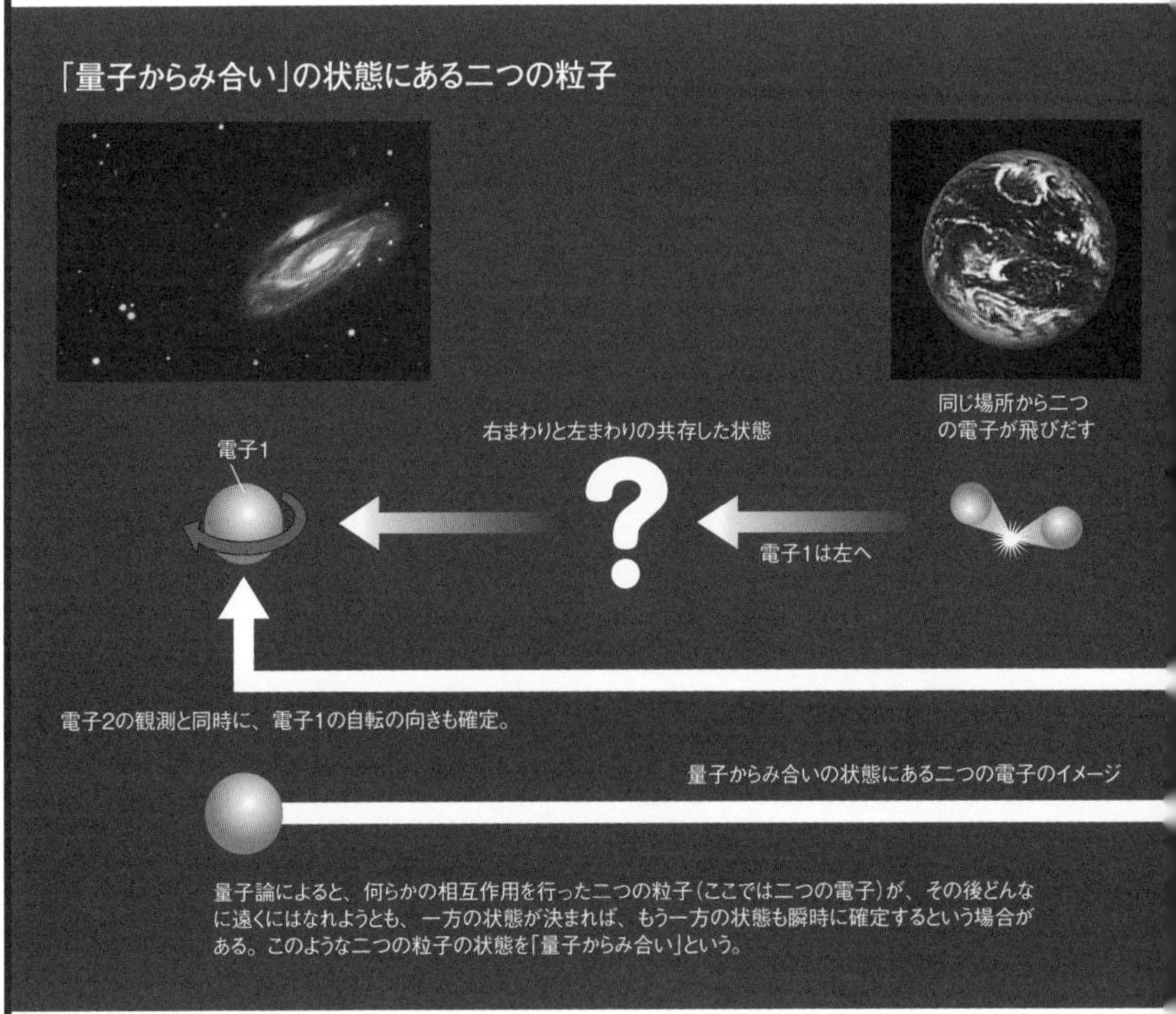

「量子からみ合い」の状態にある二つの粒子
同じ場所から二つの電子が飛びだす
右まわりと左まわりの共存した状態
電子1
?
電子1は左へ
電子2の観測と同時に、電子1の自転の向きも確定。
量子からみ合いの状態にある二つの電子のイメージ
量子論によると、何らかの相互作用を行った二つの粒子(ここでは二つの電子)が、その後どんなに遠くにはなれようとも、一方の状態が決まれば、もう一方の状態も瞬時に確定するという場合がある。このような二つの粒子の状態を「量子からみ合い」という。

呪術の「呪」、八咫烏の「咫」は「咒」で松果体の意味！

それと同時に、これが心の正体なんです。

アメリカのモンロー研究所とか、いろいろな機関が研究して、例えば恋人同士を地球の反対側に置くような実験もやっています。男性を部屋に閉じ込めて、餓死状態に追い込む。「ダメだ、死んじゃう」と思った瞬間に、地球の裏側の女性が「ああ、どうしよう」と反応する。瞬間ですよ。

「スーパーマン」をご存じですか。彼は建物の中を透視しますが、鉛の部屋は透視できません。霊能者とか超能力者の力も鉛の部屋は通過できないです。それを学者は知っているので、彼の住んでいる部屋を鉛で囲んだんです。それでも瞬時に伝わることがわかってきました。

ということは、その男女間には一心同体の意識のつながりがあるわけです。

そこまではいかなくても、我々は全てつながっています。

例えば、窓を開けてきれいな木があったとします。「いいな、美しいな」と思った瞬間に、その木に思った人のエネルギーが伝わる。それが全て実験で証明されています。

数年前、私のおふくろが亡くなりました。老人ホームには行きたくないと言うので、10年間私が面倒を見ました。末期がんで、最後は生きるか死ぬかの看病でした。夜中の2時、3時でも「水が飲みたい」「腰が痛い」と言う。ベッドの下に寝て、昼間はボンベ配送とかで、死ぬまでおふくろの面倒を見ました。

おふくろが可愛がっていたサボテンが100種類ぐらい、うちの横にある6畳ぐらいのハウスの棚にありました。水をやるのは冬だと1カ月に1回ぐらい、夏は3日に1回ぐらいです。水をやりすぎると腐ってしまう。冬、氷点下になったときはサーモスタットを付けて暖房を入れ、夏は紫外線が強すぎるので更紗みたいなので囲います。同じように育てたのに、おふくろが死んでから3年ぐらいしたら全滅しました。1つも残らず全滅です。

私は、「毎日大変だ。嫌だな、嫌だな」と思って面倒を見ていたんです。そうしたら、迷惑かけちゃいけないと思って死んでくれた（笑）。笑うけど、そうとしか思えない。

皆さん、「あいつ、死んじゃえばいい」と思ったことないですか。みんな心の中で思ったことはあるでしょう。その気持ちがどんどんエスカレートすると、「死ねばいい」じゃなくて、「殺してやる」という気持ちにまでなるわけです。そこまではなかなかいかないでしょうか。私は2〜3回あります（笑）。これが呪術なんです。

呪術の「呪」の字は、「口」と「兄」と書きます。カインとアベルの話は、兄のカインが弟のアベルを殺した。呪ったわけです。カインとアベルの意味もあると思います。

漢字は実は人間がつくったものじゃないんです。唯一シリウスのYAPマイナスの連中がつくった言語です。でなければ、十一面観音とかといった秘数とか、できすぎでしょう。アジアの大河が全部日光に流れ着くなんて、設計がなければできることではありません。

呪術の「呪」をいじると「咒」という字になります。「咒」というのは松果体の形です。松果体というのは、頭の中心にあって、宇宙の霊と交信する受信装置です。それから、ヤタガラス（八咫烏）の「咫」も、いじると「咒」になります。松果体です。

日本人はなぜ選ばれた民か⁉　「あ行」が母音「い行」が父音。母音と父音の2つがあるのは日本語だけ！

言語面で言うと日本語では「あ行」が母音です。「い行」が父音です。父なんです。「う」以下が子音です。

母音と父音、この2つがある言語は、世界で唯一日本語だけです。ほかの言語は、ドイツ語、英語、フランス語、ネイティブ・アメリカンの言語も含めて全て母音と子音しかないんです。

「ん」の領域が神の領域です。外国の人たちは父音がないから、言葉を交わせば交わすほど、父の愛に飢えてくるんです。ですから、朝に晩に、宗教上、天に父を置いて、「天にましますわれらが父よ」と拝まないと心が安定しないようにできています。

でも日本語は唯一、お話しすればするほど、母と父と子の愛に満たされて、神の領域にたどり着いて、心が豊かになります。八百万の神、一神教にたどり着く必要がない。言語からしていかにグレードが違うか。だから「アーメン」と言う。

神社の狛犬（こまいぬ）は、右側は口を開いているでしょう。「あ」です。口を閉じて「ん」。阿吽（あうん）の呼吸。神社に神様はいません。そこに出入りする人が神なんです。それを証明するために、奥の院に八咫の鏡があります。あの鏡は何ものなのか。自分の顔を映して、あなたは神の分け御霊ですよということを教えるためのツールなんです。

世界の宗教の原点は日本の古神道につながってきます。言語もそうです。遺伝子もそうなんです。日本人は、全てにおいて選ばれた民として設計されています。

それがどういうわけか、数千年にわたってオリオン系に牛耳られてきたわけです。ここに来て、それは許さないと示し始めたのが２０１２年なんです。やつらがそこに向けて２０１１年に津波は起こすわ、フェニックスライト事件は起きるわ。

２０１２年以降に富士山女子駅伝、日光いろは坂女子駅伝が始まりました。なぜ箱根で女子駅伝をやらなかったのか。ずいぶん調べました。そうしたら、女子は体力的に箱根は無理だというんです。だけど、いろは坂を上るほうがきついでしょう。私は高校のとき、いろは坂を自転車で上り下りしましたが、心臓が止まるぐらいになりました。

そして２０１２年に、１００年ぶりに中禅寺湖ヨットレースが復活しました。世界の都として既に覚醒した証拠が次々と出てきているんです。

だけど、さすがにいろは坂女子駅伝はきつすぎるので、４年で休止状態になりました。私から言わせれば、あれはやる場所を間違ったんです。いろは坂を省いて、上野島から尾瀬を目指したほうがいいんです。そうすれば存続できるはずです。もうオリオンには止められません。

シュレディンガー方程式もつまるところ「心の正体」を告げるものである

シュレディンガー方程式が書いてありますが、いろいろな方程式があって、一番わかりやすいのをチョイスしました。

これは難しそうに見えますが、実は簡単で、Hψ＝Eψ（ψ＝波動関数、H＝ハミルトン演算子、E＝電子のエネルギー）ということで、結局、右と左のエネルギーが同じだということなんです。右というのは電子エネルギーです。それをずっと下にひもといていくと、足し算、足し算、足し算で来るじゃないですか。ここをポイントに考えれば、宇宙の電子の動きが見えてきます。

どういうことかと言いますと、○＋○＝100とします。こちらが例えば電子エネルギーの総量だということです。こっちでいろいろな動き、位置とエネルギ

シュレディンガー方程式

$H\Psi = E\Psi$　　　　E　電圧エネルギー

$$H = \left\{ -\left(\frac{\hbar^2}{2m} \right) V^2 + V \right\}$$

$$\nabla^2 = \frac{\partial^2}{\partial x^2} + \frac{\partial^2}{\partial y^2} + \frac{\partial^2}{\partial z^2}$$

$$\left\{ -\frac{\hbar^2}{2m} \left(\frac{\partial^2}{\partial x^2} + \frac{\partial^2}{\partial y^2} + \frac{\partial^2}{\partial z^2} \right) + V \right\} \Psi = E\Psi$$

ħ：ディラック定数　　$\hbar = \frac{h}{2\pi}$　　h= プランク定数
1×10^{-33} センチ

H：ハミルトン演算子

m：電子の質量

V：電子のポテンシャルエネルギー

E：電子の運動エネルギー＋位置エネルギー

∇：ナブラ演算子（ベクトル解析・すべての電子を微分化する）

Ψ：プシ・プサイ波動関数　$\psi = \sin(nx)$

ーの量がいろいろ書いてある。約２００〜３００の記号を覚えれば、時間はかかりますが、全ての方程式が大体見えてきます。

ここでおもしろい動きがあります。このシュレディンガー方程式はハイゼンベルクの不確定性原理が基本になっています。これがｘ座標軸、位置ですね。エネルギー、パワー。これが１／２ℏのところと同じか等しい。これはちょっとわかりづらいでしょう。三次元においての位置とエネルギーの位置を足したら１／２ℏ。ℏというのはｈ／２πです。πは円周率（３・14）、ｈはこの世の最小単位、1×10^{-33}センチメートルです。この33は３×11です。宇宙定数でちゃんとできています。そうすると、右側は整数でちゃんと出ます。１つの枠内において、位置とパワーを掛けたものが等しいという意味なんです。

そうすると、位置がいっぱい動くと、パワーは少しでないと成り立たない。ほとんど動かないと、パワーがうんと充電したものが成り立つという、実にシンプルな構図に見えてきます。全ての方程式は、この理論でひもとけばいいと思います。

どういうことかというと、位置とパワーが限られたフィールド（場）の理論において、自由に動けるようになっている。ただし枠を超えてはいけませんよということです。自由にやってくれということは、どこにあるかわからない。どうなるかわからない。これが不確定性原理です。

面倒な説明で申しわけありませんが、実はこれが心につながってくるのです。宇宙間において粒子は、陽子が中性子になったり、中性子が陽子になったり、絶えず変化しています。大きく分けると陽子と中性子に分けられ、中に3つのクォークという最小単位があります。クォークはものすごく小さいです。

今説明しているのは、我々の肉体の全ての組成の原点です。髪の毛から、皮膚から、全て素粒子は陽子と中性子に分けて考えられます。

そうしたときに、アップクォークというのは＋2/3の電気を帯びています。電荷を帯びていると言ったほうがいいかもしれません。そして、ダウンクォークというのは、－1/3なんです。

これはどういうことかといいますと、2/3＋2/3－1/3＝1という構図が成り立つんです。陽子はアップ、アップ、ダウンですから、2/3＋2/3－1/3です。ということは、＋1が陽子なんです。＋1ということは、－1の電子が1個グルグル回れます。陽子も重粒子になって、この中が例えば＋30になると、電子30個が回れます。そうしたときに、中性子はアップ、ダウン、ダウンですから、2/3－1/3－1/3で、ゼロになります。ゼロだから中性子です。ゼロになると、引き合うエネルギーがないから電子がいられなくなるわけです。

ファインマンという人が、ファインマン方程式というのをつくりました。これでノーベル賞を取っています。陽子がある日突然、中性子になる。中性子になるということは、電子がいられなくなるので光が出る。電子は1/2、3/2、半整数でスピンしています。それに対して、光は整数、1とか2で回っています。ドリルの回転数を2倍にすると、エネルギーが2倍になります。発電機も2倍で回すと、エネルギーも2倍まではいかないけど、2倍近くになります。そうすると、光になったときにトーンダウンするわけです。そのときにX線とかいろいろな電磁波とかニュートリノとかが分波して出るのです。

中性子が突然、光を取り込んで、陽子になるようなこともある。これが瞬時に、宇宙間において、脳の中において、膨大なる量で変化しているんです。光が出たり、光を取り込んだりしている。神は光であるというのはここから来ています。問題は、どういうときに分かれるかです。このきっかけを科学者の人たちは偶然と言います。先ほどの南部先生の自発的対称性の破れも、生じる瞬間は偶然によってと言っています。それしか言いようがないんです。

実はこれが心の正体なんです。

ということは、結論からすれば、さっきの呪術じゃありませんが、「あいつ死んじゃえばいい」と思うと、宇宙の果てにいても、瞬時にその人に伝わる。必ず影響します。この人とつき合っていれば非常に得するからと、仲よしこよしを装っても、バレてしまうんです。

国の予算はついてもスペシャリストでは、世界は救えないのです！

本当は岡本太郎美術館での展覧会が終わってから、芸術と科学の婚姻について、毎年シンポジウムをやるという約束だったんです。国立天文台のTさんだって、理研のOさんだって、それからIPMUの人も、全然しないんですよね。雑学のフィールドを考えないと。でも、科学者の先生たちは、理研にしても膨大なる分野があるわけです。

蓮舫さんが「2位じゃダメなんでしょうか」と経費削減でメスを入れたことがありますよね。理研で働いている人の奥様に、アシスタントとして毎年600万円の給料を払っているのがバレたじゃないですか。結局、旦那の助手として仕事をしているだけなんです。

あと、京とか何とかのスーパーコンピューターの開発とか。でも今、理研が目指しているのは量子コンピューターですからね。先ほどの超対称性。反物質の電子をやって、その伝達速度が無限大の量子コンピューター。神の御心の領域のコンピューター製作。あれが完成すれば、卓上コンピューターの量子コンピューターで、宇宙全部の大きさの今のスーパーコンピューターよりも演算能力が速くなります。理論上、演算能力は無限大ですからね。

いろいろな学問にしても何にしても、今、大変な領域に差しかかっているわけです。私は物理学の専門家ではないので、チョイスして出しましたが、結局、理研とか東大の人たちは理解しようとしないんです。

理研の代表の方とも、岡本太郎美術館に向けて2回ほど協議したんです。そのうちSTAP細胞がある、ないで責任をとってやめてしまった。その方はノーベル賞を取っています。結局、学問の1つの分野において研究していなければ国から予算がおりないんです。スペシャリストにしか予算はおりない。ジェネラリストの研究には予算はおりません。私がこんなことを言ったって、1万円のカネも政府からおりない。

スペシャリストの時代はもう終わったんですよ。ジェネラリストの時代でないと世界は救えない。そこの勘が一番働くのは日本人なんです。それを言霊、漢字で今から証明したいと思います。

宇宙からの神のエネルギー!? 「心」「必」という字が意味すること

「心」、不思議な形をしていると思いませんか。絶対三神からエネルギーがおりてくるということなんです。宇宙からおりてくる。そこからの象形文字です。だけど、心は絶えず変化する。先ほどのファインマン方程式のように、絶えず意識を持って変化するわけです。ですから、マルチバース理論で、神に導かれるから、ただじっとしていれば導かれるということはないんです。

必死になって努力して、初めて神は導いてくれます。断崖絶壁まで行った者を助けようとする。そのとき、どういうエネルギーが天からおりてくるか。先ほどのような大きな変化が周りからどんどん起きるわけです。

そして、必然性のあるときに、神がすっとエネルギーをおろしてくれます。神の力が「心」に1つ入ると「必」になって、これで必然になる。先ほどのファインマンじゃないけれど、宇宙は偶然でなくて必然だということなんです。神の御心で動く。

これは誰も言っていませんが、重要なことです。

シリウスのYAPマイナスの連中が漢字をつくっているのですから、人間の技を超えています。カバラにしてもそうです。だからオリオンの連中に任せたら、何が何だかわからなくしてしまう。世界中のカバラの本には明確な解答は何一つないです。彼らはすぐ、世界の超黒幕、爬虫類人がどうのこうのと。アイクは怪しいでしょう。でも、なぜ彼が暗殺されないか。そこがポイントです。

ユダだって、裏切者じゃないんです。コプト語で書かれたユダの福音書が発見されました。スイスのジュネーブで3年間にわたって解読されました。コプト語が解読できるのは世界で4~5人しかいません。これはキリスト教を根幹から覆す古文書です。これが解読されて、ユダは、「おまえ、悪者になってくれ」とキリストから言われた。結局、キリストもYAPマイナスだから。

旧約聖書は13巻です。幅が10メートルぐらいの書物で、10年かけても読めないぐらい量が多いんです。その中から4つの福音書、マルコ、マタイ、ルカ、ヨハネをチョイスして、新約聖書にしたのはオリオンの連中です。

私はキリスト教の方を誹謗中傷する気持ちはまったくありません。キリストのルーツは日本人だということなんです。ネストリウス派が物語っています。

神の御心は光です。光がある日突然、強い思いを持った人に天から与えてくれるのが必然です。

だから我々は、心を持っているだけではダメなんです。ヒーリングとか、キネシオロジーとか、タロット占いとかで、神の御心にたどり着くのがまず第1ステップです。

その先に、神の御心から自分は人としてどうあるべきか。自分を離れて他人のために生きる強い意思を持ったときに、神がすっとエネルギーをおろしてくれるのが必然なんです。

これは私の発見です。朝、夢に見たんです。私には極めて重要なミッションがありまして、絶えず新しい情報を出さないと、裏のスタッフの方に怒られる。毎回、同じではダメなんです。

ペレルマンとワイルズ、2人の超天才の対照的な研究環境に思うこと

心がどういうふうに変化するか、おもしろい逸話があります。

例えば、フロイトの弟子のユング。フロイトは夢判断で、人の深層心理を解き明かしたわけです。最初、ユングもそれを絶賛していましたが、そのうち彼から離れて、反対派に回って、夢判断では解読できないと批判した。シンクロニシティを発見して、深層心理を解き明かしていったわけです。

ユングはパウリと無二の親友です。パウリは、ヨーロッパ最高ランクの物理学者です。パウリは1カ月に1回ぐらいユングと会って、自分が見た夢について、「こういう夢を見たんだけど、どう思う?」と言う。ユングは、それはこうじゃないか、ああじゃないか、こういうふうにやれば方程式がつくれるんじゃないか

と言う。パウリがわかったということで帰って、次のときに、この間の宿題はこうなった、ああなったと。結局、お互い学問が別の世界最高ランクの者同士、心理学者と物理学者が仲よくしているのは、自分の職を失うリスクがあるので秘密にしていたんです。

京都の明恵上人が、毎日夢に見たことを、一生、書きつづった夢日記があります。『夢記（ゆめのき）』といって、国宝です。自分の庭の池のところに丸い石がいっぱいあって、毎日別なところで座禅しながら夢を見て、『夢記』を書いた。

私が研究するに当たって、究極におもしろいのはワイルズとペレルマンです。ポアンカレ予想という難解な問題を、１００年ぶりぐらいに解いたペレルマンというロシアの科学者がいます。証明したのは20年ぐらい前だと思います。

これは宇宙の中にひもをポーンと放り投げて、両方のひもを手繰り寄せたらもとに戻るという理論です。光よりも速く走るロケットの後ろにひもをつけて宇宙を回って、ひもを手繰り寄せる。宇宙に例えば穴があいているとか、障害物があると、ひもがひっかかって戻ってきません。ポアンカレ予想は、それが正しければ、宇宙は真空、円空の球体であるという理論なんです。これが解けなかったわけです。

ペレルマンは何で解いたかというと、結論から言うと、微分積分方程式です。ロシアの大学の研究室に6〜7年こもりっきりで、トイレと食事だけで、ひげボウボウになって解きました。彼はそのとき40歳未満でした。フィールズ賞という、40歳以下という年齢制限のある数物のノーベル賞以上の賞があるのですが、彼はその賞の授与も、約1億円の懸賞金も両方辞退した。その後何年かして、ノーベル賞も辞退し、世界中の科学機関からの講演のオファーも全部辞退しました。誰にも会わない。ペレルマンの教授が会おうとしても会わない。今は山の中で暮らしています。

そして、やっとたどり着いたマスコミの人が、「なぜ100万ドルの懸賞金とフィールズ賞を受けないんですか」と言ったら、「長年、人類がわからなかったことがわかるようになったんだから、それでいいじゃないですか。そこに名誉とか、お金は関係ない」。これが彼独自の理論なんです。

もう１人は、対照的なアンドリュー・ワイルズというオックスフォードの科学者です。時期を同じくして、３６０年ぶりにフェルマーの最終定理を解きました。これも20年ぐらい前です。そのとき、彼も６〜７年自宅の屋根裏にこもって、誰にも会わないで解きました。解いたときには40歳を超えていましたが、３６０年ぶりの難解な問題です。フィールズ賞の特別賞を与えられた。世界中の学会、大学からオファーがかかって、どこにでも「はい、わかりました」と講演に出向きました。彼は、奥様が朝に晩に食事を届けて栄養管理をちゃんとして、娘が「お父さんだったら絶対解けるわよ」と毎日励ましてくれた。家庭の愛に包まれていたわけです。

彼がフェルマーの最終定理を何で解いたかというと、流体力学です。ゼロという概念ですね。実数のところから、限りなくゼロに近づくゼロと、虚数のところから限りなく近づくゼロは、同じゼロでも性質が違います。虚数というのは不思議な数値で、虚数×虚数は虚数なんです。そうすると、先ほども言いましたように、不確定性原理とかで特定しなくても、１つの収束の領域に来る。それが流体力学です。

例えば、飛行機の後ろに渦ができます。F1なんかは流体力学を重視しています。あとは船の後ろにも渦ができます。10キロの渦なんてできることないでしょう。5メートルか10メートルかの枠におさまる。これが実に簡単な数字なんです。例えばxn + yn = zn 、このnが2を超える性質じゃないということなんです。3乗になると、微分積分が該当しなくなる。2乗だと枠におさまります。この簡単なことが、実は360年も解けなかったわけです。

ここで注目したいのは、ペレルマンの生き方と、ワイルズの生き方がまったく対照的だということです。皆さんも含めて、私も含めて、物事を追求して、徹底的にやっていったときに、その人の周りにサポートする愛があると、社会的にまったく別の生き方に変化するということです。

ここは重要かもしれません。でも私は、そうは言っても、ペレルマン博士の生き方が懐かしくてしようがないんです。友達になりたい。何か自分を見ているようです。私にはルーシーというワンコがいますけど、家族からも見放されている。

行けば、メシを食わしてくれますよ。ただ、私がすっからかんにさせちゃったので話すことがない。

自給自足です。皆さんに差し入れしてくださいと言っているわけじゃありませんので、ご安心ください（笑）。電磁調理器、すばらしいですね。手を乗せても熱くない。鉄の鍋を載せるとパーッと熱が出る。あれは太陽の理論なんです。太陽の地表温度は28度です。ガス球じゃないです。海も山も川もあります。この話は後に回しましょう。これはヤタガラスにつながってくるので、ちょっと守れないかもしれないので。ヤタガラスは何で黒いのか。太陽の黒点がヤタガラスだからです。光が地球に届くのに8分何秒もかかりません。瞬間に来ます。

Part 6

世界が滅びるか
滅びないか!?
その命運を握るのは
YAPマイナスの
日本人のみ

300人委員会の暗殺者リスト

300人委員会が暗殺者リストをつくっていて、実行部隊はとある機関が担当しています。その機関の活動資金の2分の1はCIAが出しています。例えば日本の3つの機関の関係を例にとると警察と右翼とヤクザが三つ巴になっているんです。警察はヤクザに強くて、ヤクザは右翼に強くて、右翼は警察に強くてということで、三位一体でうまくまとまっている。みんな裏でつながっています。

ヤクザのお金の集め方は、みかじめ料とか、女性をがんじがらめにしてタトゥーなんかをやって一般人と結婚できなくさせて水商売とかで働かせて半分ピンハネするとか、資金源は割と目に見えるけれども、右翼の資金源は見えない。

最近、暗殺されたのはTW氏です。彼は余りに環境問題に首を突っ込みすぎた。

彼は栃木県の人で、私の知り合いで、作家は作家活動だけしていればいいので、こういう問題にあんまり首を突っ込むと危ないよと助言したことがあるんですが、案の定、暗殺です。

Ｇ７のときにＮＳ元財務大臣がへべれけになった姿を全世界にばらまかれて、その後、急死したということになっていますが、あれも暗殺です。彼はアメリカの環境破壊の陰謀を暴露しようとしたんです。それから、アメリカ国債を買うのをノーと言ったという説もあります。いずれにしても、やつらの言うことを聞かないので殺された。

それから、元総理のＨＲ氏。彼は郵政民営化のことであまりにも裏を知りすぎた。３００兆円の日本の虎の子の郵政のカネが、３分の2は１００年満期のアメリカ国債にいってしまっているんです。それを守ろうとして、彼は首相のときに郵政民営化絶対反対で頑張った。

電通が１回数千万で、賛成派が3分の2、反対派が3分の１ぐらいの世論を丸め込むテレビ番組をつくった。そして、マドンナ候補に１人当たり３０００万円から５０００万円渡して、当選してもしなくてもいいから立候補してというようなことをやって、ひっくり返したわけです。

元総理のＨＲ氏は、郵政民営化なんて言ったらアメリカの国債を全部売り払うぞと脅かしたわけです。これが命取りだった。ほとぼりがさめたころに暗殺されてしまいました。

暗殺された場合、大体は多臓器不全という死に方です。ＨＲ氏もＮＳ氏もＴＷ氏も、多臓器不全という発表です。

どういうふうに暗殺するかというと、お酒に睡眠薬を入れて飲ませて眠らせて起きられない状態にしておいて、夜中に部屋に合い鍵で入っていって、お尻の穴から、先進国が開発した司法解剖しても検出されない物質を錠剤で入れるんです。それが溶けて体内に入ると、多臓器不全になって死ぬ。

でも、私は、今度、裏の天皇家に会うし、守られ始めたから、大丈夫。

２０１２年から一般市民の覚醒が始まっている

２０１２年を境に、奥様連中とか暇な人たちが、自然食のシンポジウムとか、ヒーリングとか、手相占い、タロットカード占い、さまざまなジャンルの交流会を開くようになってきました。

これは確実に一般市民の覚醒が始まった証拠です。

この先、どういう方向に行くのがいいかというと、そういうふうに活動しているグループのトップの人たちが融合して１つの方向性を見出して、プラス、利益追求のシステムをうまくつくれれば軌道に乗るんじゃないかと思います。やはりお金も重要です。私も全て失って気づきました。

岡本太郎をビジュアル化

このデザインも、遺族の人とずっと話をしていたら、朝4時ごろ、夢で見たんです。例えば、岡本太郎の場合も、私は敏子さんと10年ぐらい前から知り合いなんですが、彼は芸術は爆発だと言っていたけれども、大極的な思想の持ち主でもあるし、この世とあの世も含めて、太陽と月でもあるし、そんなことを考えているうちに、ある日突然、十一面千手観音みたいなビジュアルが出てきたんです。

画集「虚舟」の岡本太郎の魂の絵

『ガリバー旅行記』『天空の城ラピュタ』「エノク書」

スウィフトは『ガリバー旅行記』という本を書きました。ガリバーはちゃんといたんです。太古の昔、身長十数メートルで、恐竜の背中に乗って一緒に暮らしていた。

世界中から十数メートルぐらいの遺骨がいっぱい発見されています。あまり大きすぎるのと、アトランティスに悪がはびこったので、ノアの洪水の後に地球の質量をうんと増やしたことによって小型化したんです。ノアは九百何十歳まで生きましたが、あのころは1000年の寿命があったんです。

『ガリバー旅行記』の中に、実はラピュタ伝説が入っているんです。宮崎駿が目をつけた天空の城ラピュタは実在したわけです。飛行石という石でできているので、島全部が浮かんでいる。あれがUFOの原理なんです。飛行石はブルーに光っています。シリウスの藍色です。

エノクは、この世が混乱したときに町ごと空に浮かんだと言われていますが、実は大型UFOでシリウスの都に疎開したんです。「エノク書」が、『天空の城ラピュタ』の話のルーツです。エノクのUFOは地球サイズで、太陽の裏側にあります。シリウスのYAPマイナスの命令が月の裏側から来れば、いずれ戻るわけです。これが弥勒降臨と同じものです。弥勒降臨はラピュタのことを言っているんです。

表向きの都は京都で、本当の神の都は日光なのです

裏磐梯の五色沼が五色人のルーツになるんです。歩いて1時間半ほどの範囲に、あんなにさまざまな色の湖や沼が集まる場所なんて世界のどこにもないです。それも朝と夕方で色が変わる。

そして、裏磐梯には金鉱があるんです。江戸時代まで、1日1000人の坑夫が金を掘っていたけれども、ある日突然ぱったりと掘るのをやめた。同じころ、尾瀬では、1日2000人の坑夫が金を掘っていたけれども、それもぱったりとやめた。ということは、群馬、栃木、福島には金があるんです。日光一帯は、取ってはいけない金の宝庫なんです。

この前、栃木メディアの方が何人かで輪王寺に取材に行ったら、何年かに1回、

輪王寺の横の庭を掘って金を採掘していた人がいて、逮捕されたそうです。そのときに、篠崎さんが言っていたことは本当だったと言っていました。

大谷川（だいやがわ）の横に金谷ホテルというのがあります。だから、やはり金の谷なんです。だから天皇陛下があそこにお泊まりになるんです。

そして、中禅寺湖から流れる水が、世界で一番おいしい、清らかな水なんです。その水がダイヤモンドに匹敵するということで、当て字で大谷川と名づけたんです。

表向きの都は京都ですが、神の都は日光です。京都に流れ込む川に大谷川（おおたにがわ）というのがあるんですが、ダイヤとは名乗らせないんです。

華厳の滝に匹敵するのが那智の滝ですが、美しさが全然違う。那智の滝は、全てのグレードで華厳の滝より下につくってあるんです。

西郷頼母は明治維新の後、禰宜として輪王寺に行きました。普通だったら、政府に戦いを挑んだ会津の筆頭家老は切腹です。

輪王寺には、世界最高の曼荼羅があるんです。金剛界曼荼羅と胎蔵界曼荼羅です。実はチベットにもYAPマイナスがわずかにあるんですが、向こうの密教の曼荼羅にあのグレードのものはないです。最高ランクのものは輪王寺にある。

西郷頼母の先祖をたどっていくと、南北朝時代にさかのぼって西郷隆盛と兄弟レベルの近しい親戚関係にあったんです。日本開国のときに西郷隆盛は功績を残して、その銅像が上野にあります。でも、軍服姿は認めなくて、山下清のような風来坊の格好で犬を連れた銅像になっています。上野にも東照宮があります。開国のときに、西郷頼母と西郷隆盛が日光と上野でつながるんです。

これを言っている人はいないけれども、私はビジュアルから、そうとしか思えない。だから、西郷頼母は輪王寺に来たんです。日光は手をつけてはいけない都なんです。人が住む必要がない。あの世の都。だから、ノアの洪水の前に、世界の大きな川がみんな日光に流れ注いでいた。この岩盤に守られた中心の心臓に、一番強固な岩があるわけです。栃木の御影石は強度が抜群です。風化作用になんか目じゃない。でも、そこを掘り起こして磐座（いわくら）なんか絶対つくりません。

海外の神殿はみんな大理石でつくりますが、大理石は非常にもろいし、酸性雨にも弱い。日本は自然崇拝で、木と紙でリサイクルできる家をつくるので、自然を破壊する必要がない。イタリアの山は大理石を相当掘ってしまって、資源はかなり減っているんです。

勝道上人は栃木の人ですが、日光を開く前に鹿沼の古峯ヶ原で修行しています。古峯神社というのがあって、ここが実は天狗を祀っているんです。五穀豊穣を願って、日本中から農協を中心に大型バスがひっきりなしにやってきます。高さ10メートルぐらいの大きな石碑が建っていて、吉田茂の名前が書いてあります。

この神社に対峙するところに烏山というところがあって、これがヤタガラスです。その中心に宝積寺というお寺があって、ここにいざというときの軍資金が運び込まれるんです。

この宝積寺のルーツをずっとたどっていくと、群馬を通って飛騨高山にもあって最終地点は京都です。京都にも宝積寺というのがあって、京都と栃木県の宝積寺を終点にしてある。表に出ない秘密が栃木県にはたくさん封じ込められているんです。

テレビ東京は日本国体を守るためにつくられた

関東一円と世界の都が、今後どのように覚醒する必要があるのか。問題は、バタフライ効果です。2人、3人の意識が覚醒すると、1人当たり300人に影響を及ぼします。300人を300倍すると9万人です。4桁か5桁いくと、地球上の人類の数になってしまう。50%を超えた人間が覚醒することがガイアの覚醒なんです。

テレビ東京が「ガイアの夜明け」という番組をやっていますが、あれには根拠があるんです。テレビ東京は電通の言うことを聞かなかったので圧力をかけられて、10年、20年、地上放送の認可をもらえなかった。

例えば、イチローがどういう記録をつくったとか、どこどこで惨殺事件が起きたというニュースを、他のチャンネルは同じ時間に流しています。1カ月、2カ月先までの番組の設計図が電通によってつくられていて、全部同じ時間にやらないといけないんです。同じ時間にやることによって、どのチャンネルを見てもその映像が入ることによって日本人を洗脳しやすいわけです。でも、唯一、テレビ東京だけが、そのときにアニメや旅番組を流している。

実はテレビ東京は日本国体を守る目的でつくられたテレビ局だと私は思うんです。だから、10年、20年、認可をもらえなかった。でも、憲法には言論の自由があるので認めざるを得なかったんです。

電通の裏には韓国メディアがいて、韓国メディアを牛耳っているのがCIA、モルモンです。統一協会も、資本元はキリスト教です。

だから、テレビ東京は、「ガイアの夜明け」とか、「なんでも鑑定団」とか、ほかのテレビ局ではやらないようなことをやるんです。でも、やりすぎると編集局長は暗殺されてしまいますから、微妙なところで頑張ってくれている。

私、200人ぐらいの暗殺者リストを持っているんですが、NHKの編集局長が２人ぐらい入っています。15年ぐらい前まで、ＮＨＫの特番で水の問題とか環境問題とかいろいろやっていたけれども、このごろはやらなくなったでしょう。やってはまずいと命令しても言うことを聞かないと、最後は暗殺してしまう。怖くて手出しできないんです。

「結論として」世界の人類の究極の完成形が日本人！

結論から言いますと、世界の人類の究極の完成形が日本人です。ＹＡＰマイナス、本土にいる人です。42％の人が継承しています。42％以外の人でも、混血のハイブリッド状態でそれを受け継いでいます。

そして、アイヌ、琉球、ケルト、ホピ、それから先ほど言いました（Ｐａｒｔ１のＹＡＰマイナスとＹＡＰプラスの遺伝子の項を参照）40年間封印されていたプエブロ族がＹＡＰプラスになります。

ＹＡＰプラスの人たちは、マイナスよりはランクが多少落ちるんですが、自然崇拝、自然保護を非常に大切にする人です。神がつくったフィールドをバカにしてはいけないんです。

宇都宮を中心に、栃木県、群馬県。群馬県の絹の生産、富岡製糸場が世界遺産になりました。なぜか。足利尊氏を中心とした半分の部族、天皇家が群馬県にいたわけです。残り半分は平家の落人（湯西川）です。藤原秀郷がムカデを退治した。そして百目鬼（どうめき）は、百穴で400年間眠っていた。宇都宮環状道路に百穴があるでしょう。あれがちゃんと二荒山神社を見守っています。

秘密がたくさんあります。いずれにしても、富士山（蓬萊山）と華厳の滝（養老の滝）に守られた民族である我々が、世界の頂点の民族としてこれから覚醒できるかできないかが、世界が滅びるか滅びないかの命運を握っていると言っても過言ではないです。

その証拠をいろいろと提示しました。

質疑応答

上賀茂神社と下鴨神社の秘密

参加者Ａ　ヤタガラスはどこにいるんですか？

篠崎　Ａさんは京都にいると言っていますが、私は京都じゃないと思います。

京都に上賀茂神社と下鴨神社がありますが、「賀茂」と「鴨」で漢字が違います。これは桓武天皇の時代、京都をつくったときに、桓武天皇は百済の王族の娘をお嫁さんにもらったんです。それで昭和天皇が韓国に行ったときに、「韓国の王族と血がつながっています。親戚ですね」なんて言いましたが、ＹＡＰマイナスは男系でしか継承しません。だからそれは全然問題ないんです。ｍｔ（ミトコンドリア）ＤＮＡは女性にしか伝承しません。男性は遠心力、宇宙を目指すエネルギーで、女性は求心力、中心に向かうエネルギーで生命をつかさどる。性格とか愛情とか、そういう感性、スピリチュアルなものはｍｔＤＮＡに該当します。男は宇宙と戦うにはどうしたらいいかとか、割と上のそらです。

上賀茂神社は桓武天皇の奥様を祀っています。下鴨神社はヤタガラスを祀っています。だから年に1回、上鴨神社から下賀茂神社に、天皇家が正装してただ歩くという儀式があります。葵祭ですね。それはそういう意味で、その理由について解き明かしてないんですよね。

ヤタガラスが下鴨神社にいるかというと、いません。Aさんが本を出したときに、ヤタガラスと2回ぐらい接見しています。京都の山奥のどこかみたいなことを言っていますが、京都に痕跡はないです。京都とか大阪というのは、目に見える宮殿なんです。目に見えないあの世、神の宮殿は日光です。私は日光の禰宜（ねぎ）の辺が秘密を知っていると思います。

そして普段は東京で活動していると思います。

ヤタガラスの出身は日光の烏山？

参加者A　日光の秘密についてもっと詳しく教えてください。

篠﨑　藤原秀郷だって、実は日光だったのに、主役は京都になっているはずです。それから、安倍晴明が向こうだと言われていますが、実はこっちです。そういうふうに全部表と裏でリンクしています。こっちは表に出ないようにしているわけです。表に出ないほうが真実でしょう。日光の下は金の宝庫だと、私が言っていたとおりだったでしょう。輪王寺を掘って、金を取ろうとした人が逮捕されました。

金谷ホテルというのがあります。なぜ天皇が金谷ホテルに泊まるのか。あそこは金の谷なんです。その横に神橋があります。神につながる橋です。だけど表向きの情報で、本物は表に出さないようにしておかないと混乱を招くわけです。私は、ヤタガラスはこっちだと思います。誰も言ってないです。でも向こうには痕跡がない。

参加者A　Fさんが、ヤタガラスの出身は烏山だと知っていると言っています。

篠崎　そうでしょう。日光を開祖した勝道上人が修行したのが古峯ヶ原です。古峯神社は烏です。烏というのはヤタガラスなんです。烏天狗。源義経が少年時代に鞍馬寺で夜、烏から兵法を教わったわけです。だから鞍馬天狗と言われる。それが結局、武家相撲を編み出したわけです。

そして義経は弁慶と一緒に行ったんだけど、関所、関所でフリーパスです。不思議でしょう。義経一行だとみんな知っていたんですよ。修験道者に逆らうはずないじゃないですか。それで向こうに痕跡を残していったわけです。

日光の秘密はあまり暴露してはいけないんです。アジアの川が全部日光に流れ着いていた痕跡というのはただごとじゃないと思いませんか。だから地震だって、栃木県は揺るぎないでしょう。この間も、広島は大変だった。台風に定期的に直撃を食らう。阪神・大震災だって大変な被害でした。こっちは揺るぎないです。昔、今市地震があったけど、大した被害はないです。

日光連山の岩石の成分は違うんです。石灰質じゃない。岩盤が違う。宇都宮の地下数百メートルのところに、巨大な岩盤があって守っているんです。鬼怒川から向こうに岩盤は行っていません。だから3・11のとき、向こうはガタガタになりました。海から来た鬼が、神の権現を制圧しようとしたわけです。だけど鬼怒川から先は神のエリアだから、渡っちゃいけないんです。鬼が怒った川ということで鬼怒川なんです。

鬼が怒ったように氾濫したことに由来する名前だなんて言う歴史学者がいますが、そんな痕跡はありません。神のエリアなんです。ただ、雷は日本一多いです。雷は神でしょう。そう思いませんか。神社の鈴のガランガランというのは雷の音です。注連縄のグルグル巻きは雷雲です。短冊みたいなのは、稲妻らしいです。神は光に乗って来る。

宇都宮は日本で一番雷が多い。日本は世界で一番、雷が多いわけです。ということは、宇都宮は世界で一番、雷が多い。雷が落ちるだけで、ほかの災害は一切ないと言ってもいい。

栃木県に災害がない理由とは?

参加者A　栃木市は、奈良県とつながっているんですよね。

篠﨑　栃木市に流れる水のグレードは極めて高い。栃木市の蕎麦は日本トップレベルです。

そして、鹿沼につながっているんです。鹿沼の奥は古峯ヶ原。鹿沼は東照宮をつかさどった匠の連中がいっぱい流れ住んでいました。だから鹿沼の山車は日本で最高グレードです。木工。そして、鹿沼は飛驒高山です。匠。だから彼らはそこにとどまった。

それから、竜化の滝の「竜」は、難しい「龍」じゃなくて単純な「竜」です。厳島神社の横に竜宮島というのがあります。竜宮島の秘密。この「竜」が竜化の滝の「竜」です。全部つながるんです。この箱を開けてはいけない。島の名前は、本当は別の名前なんです。

ということは、栃木県は災害がない。

富士山の左手が山手線です。富士山が太平洋のほうを見たときに、左手なわけです。山手線の中心にあるのは皇居です。日光が太平洋を見たとき、宇都宮環状道路が右手になるんです。その中心にあるのが二荒山神社です。皇居と二荒山神社、どっちがグレードが高いかといったら、皇居じゃない。二荒山神社です。だって豊城入彦命でしょう。

赤城山の赤城神社も豊城入彦ですが、もともとは上野国（こうずけのくに）で一緒だったわけです。それを上野（かみつけ）と下野（しもつけ）に分けた。なぜならば、国体が近づいてきて、心臓の形の国を栃木県として独立させた。

こういうことを言っても暗殺されない自信がついてきたんです。今までは随分オブラートにくるんで、言いたいことも言わないことがあった。

会津藩の武術の流れは、源義経があそこに兵法を落とした。ササリンドウ。会津藩の一番家老で、西郷頼母という武術の達人がいたんです。会津藩が戊辰戦争で敗退して、それで彼が追われてどこに行ったかというと輪王寺です。何で日光か。そのときにぴんときた。あっ、義経だ。全てのリンクの最後の救済の宮殿なんだなと思いました。だって戊辰戦争で、一番家老なんて普通、処刑でしょう。

輪王寺の秘蔵品の中に、胎蔵界、金剛界の曼荼羅があります。チベット密教の曼荼羅にはないレベルのものです。何であんなのがあそこにあるのか。曼荼羅の最高峰でしょうね。

シリウスの後押しによって日本が世界のトップに躍り出る

参加者B　今後の日本は？　私たちはどうなりますか？

篠崎　今は宇宙戦争が近づいているぐらいの危機感なんです。ただ、宇宙レベルでの戦いの歴史がこれからもずっと続くわけではない。シリウスは銀河連邦では最高レベルの民族なので、本気を出したらオリオンはまったく歯が立ちません。

参加者B　では、何で今まで本気を出さなかったんですか。

篠崎　例えば、これから大人になるという可能性を持った高校生をあまり制圧して抑え込んでしまうと、成長しにくくなるじゃないですか。だからある程度危機的状況になるまでは自由にやらせたんです。今は、おまえたちの好き勝手はもうダメだよという時期なんです。

悪人も必要なんです。悪人がいるから善人の価値がわかるのであって、きれいなものもあれば、汚いものもあって、対極的に宇宙はバランスをとってつくってあります。きれいなものだけ残して、悪いものを全部抹殺するのは神の設計に反します。

ただ、行き過ぎちゃったということですね。バランスが崩れてしまった。日本はほかの国から侵略されないように、海に囲まれて独自な文化で来たわけです。だけど彼らが手を伸ばして、侵略しようとするわけですが、それはもう通用しない。だって日本の水はグレードが違うんです。

タンカーでどんどん日本の水を輸出しちゃっています。

ヨーロッパでもアメリカでも東南アジアでも、地下100メートルぐらい掘らないと地下水が出なくなっているんです。20～30年前までは、60メートルぐらいでしたが、どんどんなくなってきました。１００メートルを超すと、太古の時代の岩塩が解け出した塩水を吸い上げるようになる。既にアメリカでもヨーロッパでも、塩水を吸い上げつつあります。塩水で育つ野菜は、唯一トマトだけなんです。これ以上いくと地下水で植物が育たなくなる。食料危機になります。世界で唯一日本だけが水にまったく不自由していません。神の国だからです。

栃木の茂木（もてぎ）に「ツインリンクもてぎ」ができました。インディができるのは日本であそこしかない。それからホンダのテストコース、日産のテストコース、日本の優秀なテストコースが全部栃木県にあります。

ホンダがさくら市のＦ１研究施設に５００億かけたそうです。世界中のＦ１技術者が夢のような研究施設だとびっくりしたんです。だからレッドブルが、まだ結果を出してないのに、ルノーを切ってホンダと契約しました。来年はフェラーリとメルセデスに勝てるでしょうね。

メルセデスは何年も前から、Ｆ１がハイブリッドのカテゴリーに変わるという情報を手に入れて、先に開発していました。だから後から来たホンダが追いつけない。

参加者B　日本が勝てるようになっちゃうと、日本が勝てないようにレギュレーションを変えたんです。日本が不利なように。ほかのスポーツもそうですよね。日本人が勝てる競技は、必ずルールを変えてしまいます。

篠﨑　三大自動車選手権のル・マンで、3年連続トヨタがワン・ツー・フィニッシュのポールポジションで、圧倒的にトヨタのハイブリッドが強いわけです。2016年と2017年、ポルシェがわざとぶつけたりした。そういうことをやって、トヨタが勝てないようにしたんです。次も無理だろうなと思ったら、2018年からポルシェは撤退です。トヨタはワン・ツー・フィニッシュでしょう。ル・マンでは、もうやつらは音を上げている。あとはF1です。F1でも勝てる。

宝積寺の「宝」とは何か!?

参加者B　宝積寺の「宝」について詳しく教えてください。

篠﨑　宝積寺のルーツを探ればわかるように、中山道は忍者の道なんです。栃木県から京都の道なんです。だから飛騨高山が鹿沼にリンクする。天狗の道ですから、そこのルーツは日本の大動脈です。心臓なんです。上野島があったでしょう。心臓は、脳からの信号と、心臓の中からの信号と、２つの信号で動いているんです。脳の信号が止まったときに、心臓からの指令だけでも動きます。両方が止まったとき動かなくなる。

中禅寺湖の上野島は、ポツンと出ていますが、水面下を見ると富士山の形です。あそこが心臓の発信の装置なんです。だから天海と勝道上人が眠っている。出入り禁止ですね。

参加者B　数年前に出入り禁止になりました。輪王寺の工事が始まって、目の前の書庫とかの整理が始まったら、出入り禁止にされてしまった。書庫からも輪王寺からもいろいろなものが出てきたからじゃないか。

篠﨑　あそこがいかに大変な聖地かということがわかったから、出入り禁止にした。

さっき言うのを忘れたけれど、岩塔ヶ原が昭和の中期に出入り禁止になった。昭和の中期に、第二次世界大戦で負けたわけです。それでＧＨＱが封鎖した。岩塔ヶ原には、日本の天皇のルーツと日本民族の秘密が刻印されているんです。ＧＨＱはそれを壊せばいいじゃないですか。でも、壊したら大変です。ヤタガラスが黙っちゃいない。だから出入り禁止になってしまった。

封印される技術：がん治療器から不老不死の薬テロメラーゼまで

参加者C　日本はＵＦＯに守られている？

篠崎　絶えず毎日、40基前後の葉巻型ＵＦＯが日本列島の上に滞在して守っているんです。大震災のときはさすがに激怒して、長さ10キロのシリウスの葉巻型ＵＦＯの母船を、仙台上空に配備した。全部、インターネットに出ています。

でも、偉いと思わない？　滞在していると暇だと思うんだ。自分の子孫の日本を守るために滞在して、感謝しなくちゃいけないと思います。

２０１８年の集中豪雨も、今までにない１つの動きじゃないですか。台風が一度に来たり。飛行機で気象をコントロールできるんです。あのときのデータはまだ出てきていませんが、日本人だけに痛手を負わせようという連中がやらせているんじゃないかなと思うんです。

参加者C　その飛行機は、引っ張ってきているんですか。

篠﨑　滞在させることも可能です。連中には簡単です。台風をどこのルートでどこに持ってくるということも自由です。あんなに降らないじゃないですか。でも、やつらがどうあがいても、どういうわけか栃木県は攻められない。今回の異常気象はやつらの仕業だと思うんですけど、どう思いますか。

参加者C　私もそう思います。

篠﨑　フリーエネルギーを活用すれば、砂漠を緑地化するなんてわけないんです。今の世界の人口の10倍ぐらいいてもオーケーでしょう。

フリーエネルギーはとっくにできています。それから、ＪＴ60という核融合が20年ぐらい前に完成しているんです。今の原子力発電は、ウラニウムの核分裂です。そうすると放射性物質がたくさん出て、放射性物質を入れたドラム缶が何万本、何十万本になって置き場がなくなっている。

核融合が完成すると、タダ同然のを桁違いの値段で売りさばいている連中にはまずいんです。核融合は原料がタダなんですね。原料は二重水素、三重水素という重い水素で、これは塩水から取れますからタダなわけです。そして太陽のエネルギーと同じように、水素からヘリウムという変化なんですね。核融合を起こすことによって、無尽蔵のエネルギーがタダで発電できるＪＴ60が、20年ぐらい前に完成しています。

それはＵＦＯ原理と同じで、数千トンの大きな施設がＵＦＯのように1メートルぐらい浮いてしまうので、太いアンカーボルトで浮かばないようにしている。無尽蔵のエネルギーが無料で出せるんですが、それを世に出すとまずいじゃないですか。

それから、ＥＭＡモーター。1年ぐらい前まで、動画も出ていました。例えば、大きな発電機でモーターを回して、グーッと高回転で回してプラズマを発生させるんです。温度がどんどん低くなってきて、絶対零度に近づいてくると、永久に回り続けます。真空中からプラズマエネルギーを取り込むんです。それがＥＭＡモーターの理論です。

それが１台数百万円したとしても、１軒で１つ買えば、永久的に電力が無料で出ます。それを持ち込んで山小屋にでも住めば、オール電化。ビニールハウス、冷暖房無料、水もくみ上げられる。だから政府が成り立たなくなるんです。税金を払わないで暮らせるわけです。その動画も排除されました。

そういうことで、エネルギーゼロの時代が来ているんです。ＥＭＡモーターとか核融合の電力を使えば、温度管理でビル全体を農場にできます。電気が無料だったら、砂漠を緑地化しなくても、世界の食料はまったく心配ありません。だってビル中に食料工場をつくれるわけですから、その理論であらゆる生産物が可能なんです。

でも、マスコミが連中とグルの組織だから、絶対公表しないし、大げさに発表すると暗殺されます。

あとは、電磁波治療器があります。定価は22万円ぐらいですけど、オークションで1万円ぐらいで買えるんです。ここ半年間で、半年生きられない末期がんの患者が2人、完治しています。アポトーシス理論で正常細胞が死なない細胞に変化したんですね。それを死ぬ細胞にすれば、新しい細胞が生まれて、がんは完治します。実に簡単な理論で、それが開発されているんです。

70〜80年前に、アメリカのプリンストン大学の素粒子の学者が、人間の細胞の周波数を全部調べて、全細胞が活性化する周波数を発見して、大型の機械で当時、半年〜1年しか生きられない末期がん患者100人にやって、3カ月で100%完治したんです。

それでアメリカの大きな銀行の頭取に、小型化して家庭用の器械にすれば、世界からがんが消えると言った。細胞そのものを神の領域に戻すわけですから、腎臓疾患、胃潰瘍、全部治るわけです。祝賀パーティをやったら、間もなく暗殺されてしまった。研究資料も全部CIAに持っていかれました。

そのときに、九州のN社という磁気の会社が、その研究データを研究員から数億円で買ってつくったのが今話した電磁波治療器です。これで全て完璧に治るんです。頭とお腹にやると、1日2～3時間の睡眠でも、疲労物質の乳酸を中和して大丈夫なんです。視力も上がるし、80歳以上のおじいさんに昔やったら、使い物にならないのが立つようになった（笑）。全ての細胞がもとに戻るわけです。女性の冷え症も治ります。熊坂先生の治療と電磁波治療器をやれば全てが治る。全細胞が活性化します。もし末期がんの方がいれば、完治しますのでご相談ください。がん患者に放射線治療をしたら、3カ月間で死んでしまいます。

参加者C　どうすれば手に入りますか？

篠崎　ヤフオクで5000円とか6000円とかで出ているものは、かなり使い古しなんです。あまりもたない。やっぱり1万～1万5000円のものを買ったほうがいいと思います。新品はもっと高いですよ。

私のおじさんと某家電量販店の元取締役の人が、4～5年前に、あと半年生きられないと言われたのに、3カ月で完治しました。2人ともクリスチャンなので、神が助けてくれたと言って、ちっとも私に感謝しないんです（笑）。神が仕向けてくれたんだと。何を言っているんだ。私のおじさんは腎臓がんで、片方の腎臓を摘出して、リンパに転移して、全身転移一歩手前。それが3カ月で完治しました。元取締役の方は、膀胱がんでした。30分おきに血尿が出て、これもあと半年と言われた。両方とも完治です。ゴルフをやっています。

私は命にかかわることでいろいろな研究機関を20代、30代から渡り歩いて、世界的な学者とも対談したり、つき合ったりして探って、いろいろわかったことがあるんです。

世界では今、実は死なない薬の開発中です。DNAの二重らせんの構造の両脇に、テロメアという物質があるんです。一生のうちに約70回くらい、全細胞が新しく蘇生するんですが、その都度、テロメアが少しずつ短くなる。これが命の法則です。

テロメアが短くならない薬、テロメラーゼというのを開発したわけです。日本では東大医学部が取り組んでいます。私には東京で医者をしているいとこがいるので、おまえの母校の医学部で開発しているから、研究データを教えてくれと、

20年くらい前に言って、「いいよ」ということだったんですが、それっきり絶交になってしまった。世に出してはいけないデータなんですね。まだ完成はしていないみたいです。インターネットで出てきます。

命にかかわることで研究したデータがいろいろとあるんです。これをいち早く手に入れる方法は、その機関のトップの人と仲よくなることです。

今は国連が入ったり、ヒカルランドが入ったり、加速度的です。自然界の現象でたとえるならば、1年前は、たき火に火をつけて、煙が出てくすぶっていたんですね。くすぶっている状態がずっと続いていたんだけど、ここに来てポヤポヤと炎が出始めた。炎が出たら一気に燃えますからね。

私の目標は、覚醒するだけじゃなくて、それが経済効果を生むというところを目指したいんです。お金を生み出す。でなければ、絶対人は幸せになれないし、そのために組織が絶対必要なんです。

頼みの綱は直感で善悪両方を組み合わせていくこと

参加者D　日月神示という予言書がありますが、どう思いますか？

篠崎　日月神示によると、これからの時代は、我々の世界が陰と陽のバランスで完成する。生粋のシリウス系のユダヤではなく、ユダヤ資本とかの連中を仲間に入れることによって完成するということなんです。ということは、医学にしても、西洋医学と東洋医学が仲よくなる。善人と悪人が手を組む。今現在の食料会社の方と無農薬農業を推進している組織が手を組む。結局、こっちが正しくて、おまえたちダメだよという構図ではなく、ちゃんと両方が手を組む。そして我々は悪人を導くというような感じです。敵対からは何も生まれないんじゃないか。取り込む。

取り込む理念というのは、女性的感性が必要なんです。男というのは、どうしても敵対するものは排除する、消してしまうという理念なんです。でも女性は違います。できの悪い子どもをほっぽり出して、できのいい子どもだけ可愛がるというのではないでしょう。できの悪い子ほど可愛い。これから人類は対極的なものが手を取って、人としてどうあるべきか。

あとは、家庭と他人という枠が外れると思います。家族から見放された人間なのでそう弁明しているわけではないんですが、他人と家族の枠が完全に外れて、他人同士が親兄弟以上のつき合いをするにはどうしたらいいかという時代に突入すると思います。

基本的に私の役目は、この中のかなりの数の方に国連支援交流協会にも加入していただいているので、経済を生み出す。結局、人のため、世のために入るお金は無尽蔵に入っても神は祝福すると思うんです。人を排除して、だまして入るカネは必ず失う。私は何億も使って、文なしになって、家族からも見放されて、2017年の12月31日に悟りましたよ。来年から俺は大富豪になるんだと。

スカーフとヒジャブのデザインで2カ月、3カ月協議したんです。篠﨑さんがやってくれと言われたけれど、私は、イスラムは懲りている。だまされてコテンパンにされたんです。だけど2017年の12月31日に、自分がこのありさまで意地を張っているところじゃないだろうと。

今でも覚えています。12月31日の朝、4時からパッカリ目が開いちゃって眠れないんです。冬だから明るくなるのが遅いじゃないですか。4時から7時まで3時間瞑想して覚悟した。「よし、俺は来年から大富豪になる」。

モノとカネで幸せになれないなんていうのは抜きにして、我々はカネを正当につかんで幸せになるんだというふうに意識を変えたんですね。そして朝7時から1日十何時間、ずっとデザインをやり続けたんです。そうしたら、完成型のデザインをSANKOに持ち込んだら、1日で採用されて生産に入ることになったんです。そこで我々が目指すところは、押しつけはしませんけれども、善と悪とか、陰と陽じゃなく、みんな取り込んでいく。そして我々がいい方向に洗脳していく。そのリーダーシップをとりながら、お金儲けをするというのが私の希望です。

Yさんは、基本的にUFO理論的なものを書いていますが、不思議と日月神示だけには乗り出している。やつらは役割分担、すみ分けをしています。だけどこれは、Yさんがやったものじゃないでしょう。皇祖皇太神宮の本は解説しているだけです。本人の書いた本は、出ているようで出てないんですよね。岡本天明におりた神がかりの文字、あれは本当なんでしょうね。○×△みたいなのをバーッと列記して、それが言語化される。神からおろされた文字だというわけなんですね。人としてどうあるべきか。

皇祖皇太神宮は茨城にあって、Nさんと一緒に行ったことがあります。ちょっとした大木の下で天命を受けたそうです。その周りを縄で囲ってあって出入り禁止です。人が15人ぐらい手をつなぐとちょうどぐらいのところで、そこに神がおりたと言われています。

参加者D　いろいろな人がいろいろなことを言っています。判断基準をどこに置いたらいいのか……。

篠崎　インターネットで情報が溢れています。膨大なる量があって、どれとどれをリンクしたらいいのかもわからないし、どれが正しくて、どれが間違っているのかもわからない。こうなってくると、頼みの綱は直感しかないんです。ひらめきを磨く以外ないと思います。

そして国連支援交流協会で、合法的な人類のための産業をいろいろ私が開発しますので、みんなで幸せになる羅針盤をつくり上げる。栃木県発のノアの方舟の乗組員を我々が募集するというようなイメージかな。

実はここのボス、70歳ちょっとのSさんという方がインターポールなんですよ。国際警察の証書を見せてくれました。現役なんです。私も証書を実際に見たのは初めてでした。「バックはどこなんですか。スイスですか」と聞いたら、CIAだそうです。驚きましたね。ということは、彼はCIA、それからプーチンの下のナンバー2が仲間なのでKGBも、全部コントロールできる立場です。彼のバックにはヤタガラスがいます。そして、文化・芸術振興支部の組織の中心に置きたい。

本当に何か不思議な展開になってきたんです。今まで私がお金持ちになれなかったのは、モノとカネでは幸せになれない。精神面だけでしか幸せになれないということを言いすぎた。精神面プラス経済も必要なんです。そこがちょっと間違っていた。意識を変革しないとそうならないからね。

今、幾つも案件を預かっているんですが、すったもんだの内紛でそれどころじゃない。例えば、有名ブランドの桃とかは、賞味期限が出荷から何日までと決まっているんだそうです。そこから1日でも遅れるとそのブランドを名乗れない。マンゴーでも桃でも、1日、2日遅れたものは、10分の1以下の値段になってしまう。タダでそれを集めて即、スムージーにして、売り出さないかという案件も預かっています。生産の工場も決まっています。

あとは、武器商人もできます。これはあまり言わないほうがいい。マフィアに目をつけられないんですかと言ったら、マフィア、ヤクザは絶対顔を出さないと。どうしてかというと、相手が軍隊だから。

中東紛争でも何でも、ロシアが介入するでしょう。半年ぐらいで停戦になる。ロシア軍は帰るとき、武器を置いていっちゃう。国に持ち帰らない。それをコンゴとかチャドとか、アフリカから売りに出しているんです。使用済みなので、ロケットランチャーで70万。いい値段でしょう。数が多い。いいことも悪いこともできる。でも、これは犯罪ではないと思います。結局、予算が足りないアフリカの国の自衛権のために安く供給してあげる。

あとは真空パックのフィルムの案件も預かっています。お米を真空パックにすると半年、1年たっても新米です。いろいろな食材、豆とかも真空パックにできる。これをアフリカとかそういうところに販売する。

ほかにもいろいろあるんですけど、今はそれどころじゃなくて。無農薬のものもブランド化を図って国連支援交流協会のマークをつけて、販路拡大のシステムをつくり上げる。私は悟ったんです。いかに少ないエネルギーで効果を出す方法をやるかということですね。がむしゃらに1人で幾ら努力しても、ある程度までしかいかないし、大した結果は出ないんです。みんなで手を取らないとダメです。我々が手を取って、一部上場企業に勝てるシステムでやります。

一部上場も、20世紀までの理念で儲かればいいという企業は、次々衰退していると思いませんか。シャープが買収されるわ、サンヨーも消えてなくなってしまった。ソニーだって青色吐息です。パナソニックも危ない。東芝はあの調子です。

自動車産業だけは辛うじていいように思うでしょう。自動車産業も長いことないんですよ。なぜなら、インドのタタ自動車は5～6年前、メルセデスのCEO（最高責任者）が社長になったんです。ハイブリッド、プリウスレベルを100万円以下で売り出す。もうバスはできているのかな。メルセデスは何年も前からF1をハイブリッドで勝ったが、2018年あたりフェラーリと互角になって、追いつかれた。2019年はホンダに追いつかれます。そうしたら、多分メルセデスは撤退します。ハイブリッドでF1を連勝したというブランドで、タタ自動車から世界の先進国のハイブリッド車の3分の1以下で売り出して、大儲けしようというのがメルセデスの魂胆なんです。

ハイブリッド車を3分の1の価格で出されたら、トヨタでもホンダでも日産でも、日本自動車産業は傾いてしまう。自動車産業がおかしくなったら、日本経済は終わるぐらい大変なことでしょう。

そうしたら、次の時代にくる産業は何か。今は薄利多売のビジネスでしょう。D社の出資元が大きな宗教団体なんです。代表者のネーミングを活用したとのうわさもあります。それから洋服のA社の背後が宗教団体です。テーマパークを経営しているO社の株のかなりのパーセンテージも宗教団体が持っています。T社もです。洋服のU社もそうです。薄利多売の産業はみんな宗教団体にやられちゃうんです。海外の宗教団体も今度、ビジネスに参入でしょう。

次の産業は何かといったら、人としてどうあるべきかの産業ですよ。これを私は考えています。カネの話は安っぽく聞こえるようだけど、私はどん底まで落ちて悟ったんです。

（了）

『虚舟　篠崎崇作品集』より「魂学符の項」再録

目次
Contents

第１章　夢と白昼夢
Dream and Daydream
第２章　認識と実感
Recognition & Reality
第３章　常識と非常識
Normality & Abnormality
第４章　光と影
Light & Shadow
第５章　魂の海
The Sea of Souls
第６章　水の変容
The Transition of water
第７章　瞬間と永遠
Monument & Eternity
第８章　祈り
The Pray
第９章　無
Naught (Mu)
第10章　２つのカオス
The two Chaoses
第11章　ゆらぎ
Fluctuations
第12章　道(タオ)と気
Tao & Ki
第13章　求心力と遠心力
Centripetal Force & Centrifugal Force
第14章　形と命
Form & Life
第15章　融合と分離
Fusion & Separation
第16章　舞
Dancing
第17章　わかれ路
Forked roads
第18章　特異点
Unique and special point
第19章　殺意
The urge to kill
第20章　無限連鎖
Infinite Chain
第21章　彼岸の輪廻
The transmigration of the soul
第22章　極同
United contrapositions
第23章　夢幻の結末
Ending of Dreams and Phantasma

第一章

魂学符

夢と白昼夢

Dream and Daydream

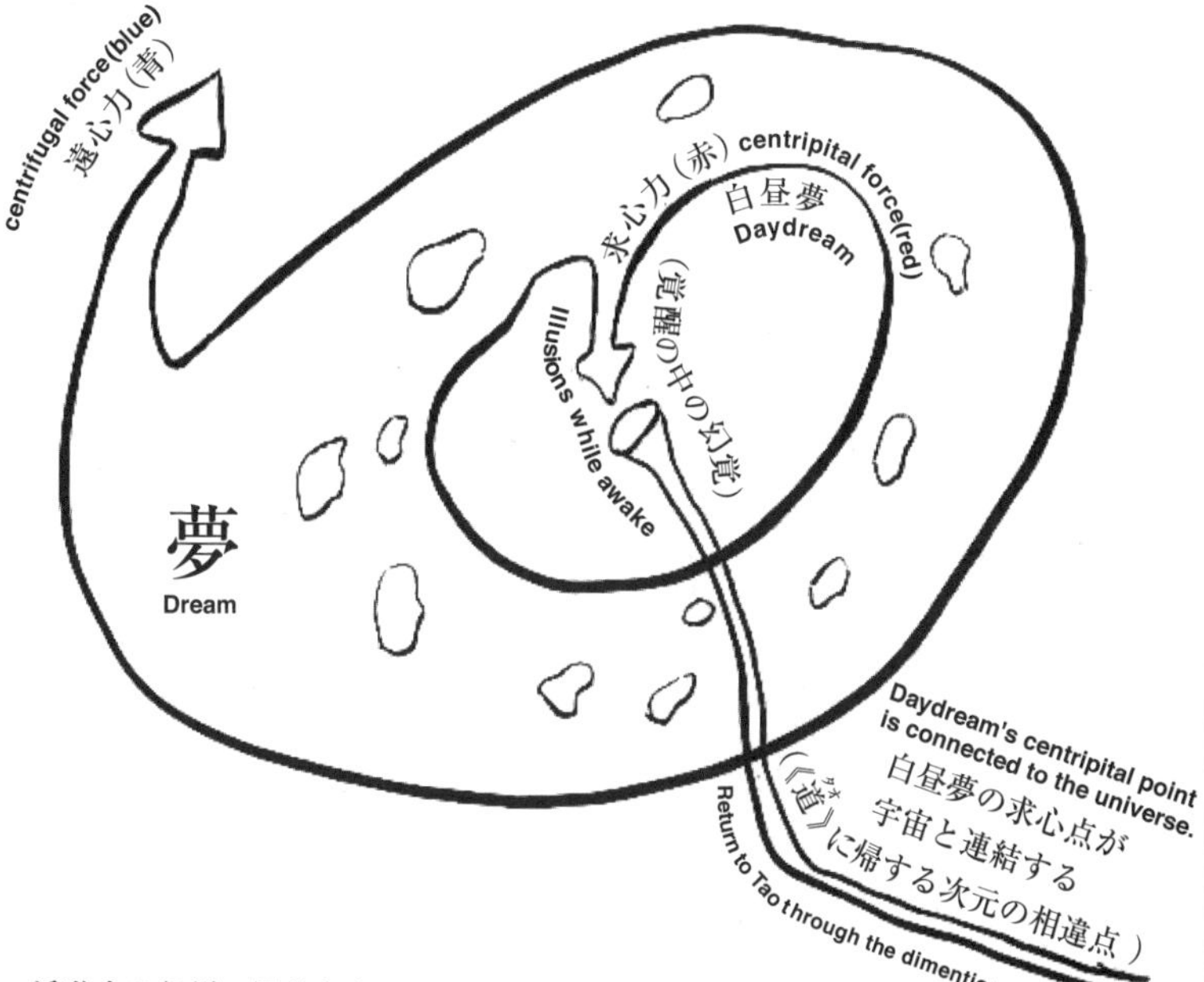

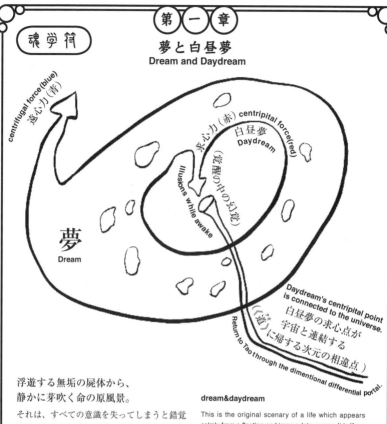

浮遊する無垢の屍体から、
静かに芽吹く命の原風景。

それは、すべての意識を失ってしまうと錯覚していたあとに訪れる夢のよう。さらなる命の全質量を生贄にする聖儀によって、やがて深遠なる魂にめぐりあえる。それは悲しみの涙が涸れはてた後に訪れる虚脱感と安堵感にも似て、次元の相違点に触れたような豊饒さを内包する。イノチの原形として、白い道に立つ自分……。

お母さんの見た白昼夢。そして、いずれ白昼夢が生活全般に及び、魂のすみからすみまで循環し、覚醒の中の幻覚として全質量を蓄えていく。いつのまにか零に近づく霊として、蚤の唄が聞こえてくる。

dream&daydream

This is the original scenary of a life which appears calmly from a floating and immaculate corpse. It is like a dream you would have after death, in spite of your belief that all consciousness is lost at the moment of death. Moreover, you come across a profound soul through a holy service, offering the full mass of life. It involves fertility in which you feel both the despondency of grief and relief of memory after a long cry.

I, being an original form of life, stand on white road ···

Mother had a daydream. Soon she will have the day dream over and over, and it will circulate in the soul through every nook and cranny, and its mass will grow as a concrete idea. In the meantime. the soul gets closer to nothingness.

"The Song of a Flea" is audible.

魂学符

第二章

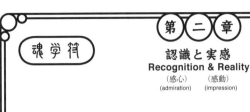

認識と実感
Recognition & Reality

（感心） （感動）
(admiration) (impression)

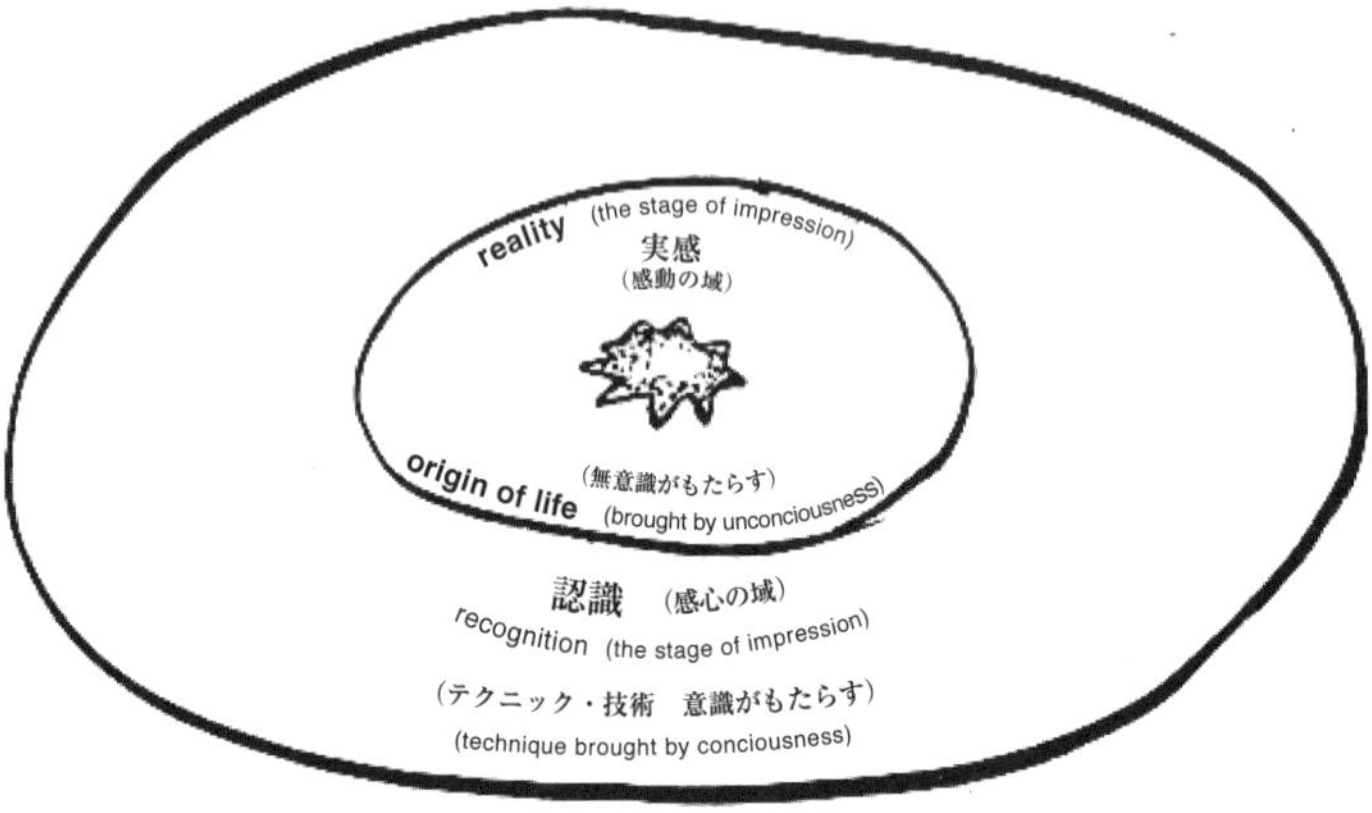

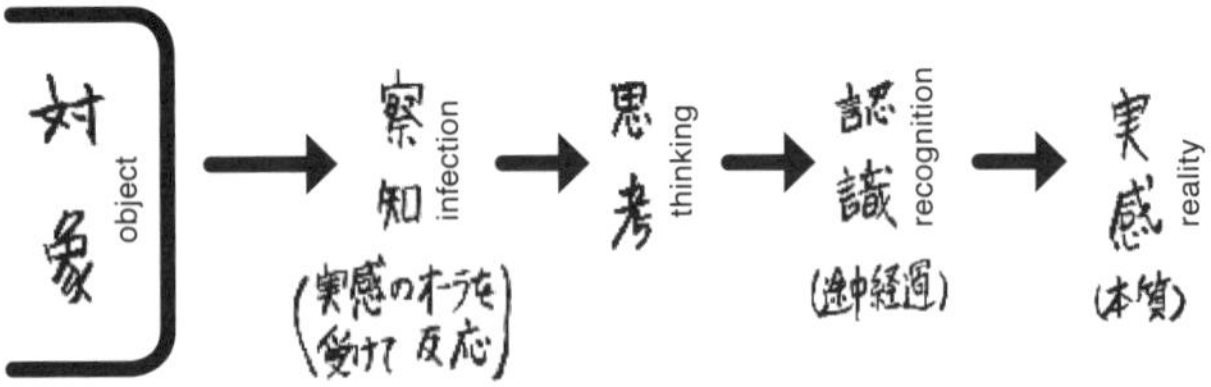

情動 ＝ 意欲なくして脳は働かない

emotion　　brain does not work without motivation

実感（感動）の潜在意識を出発点としていない思考は違った認識（本質をベースとしない技術）に至り、実感の域には到達できない。

Thoughts without any subconscious reality will lead you to the wrong recognition (technique without essence), and will not lead you to the right stage of reality.

魂学符

第三章

常識と非常識
Normality & Abnormality

（正気）　（狂気）
(sanity)　(insanity)

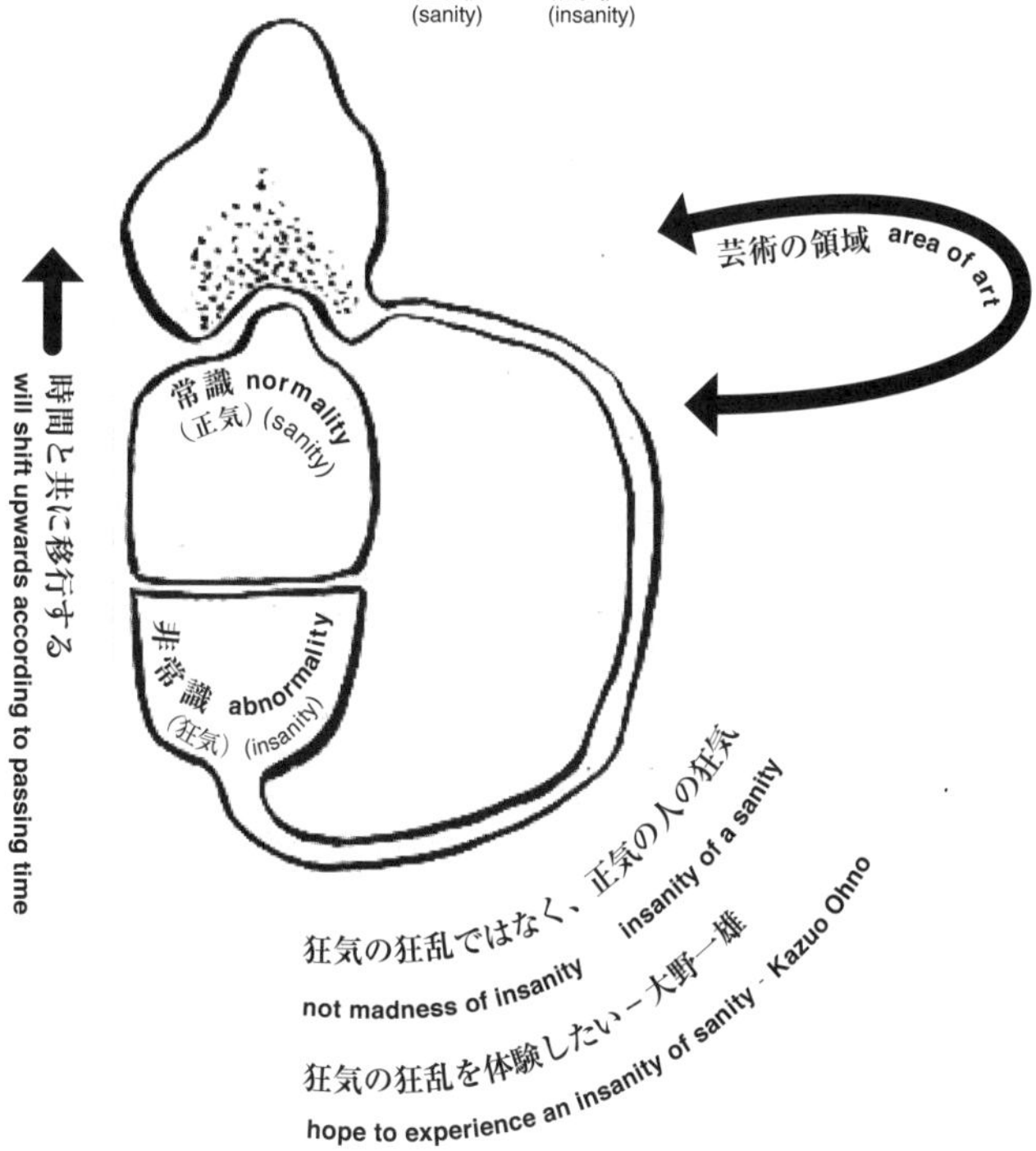

人に感動を与える行為は、いかに非常識を常識化するかにある

To impress people is how to normalize an abnormal happening.

常識の先端と非常識の末端は連結している

To impress people is how to normalize an abnormal happening.

正気の人間の大切なエネルギーの源泉としてある狂気

Insanity exists to be an important source of energy for normal people.

魂学符

第四章

光と影

Light & Shadow

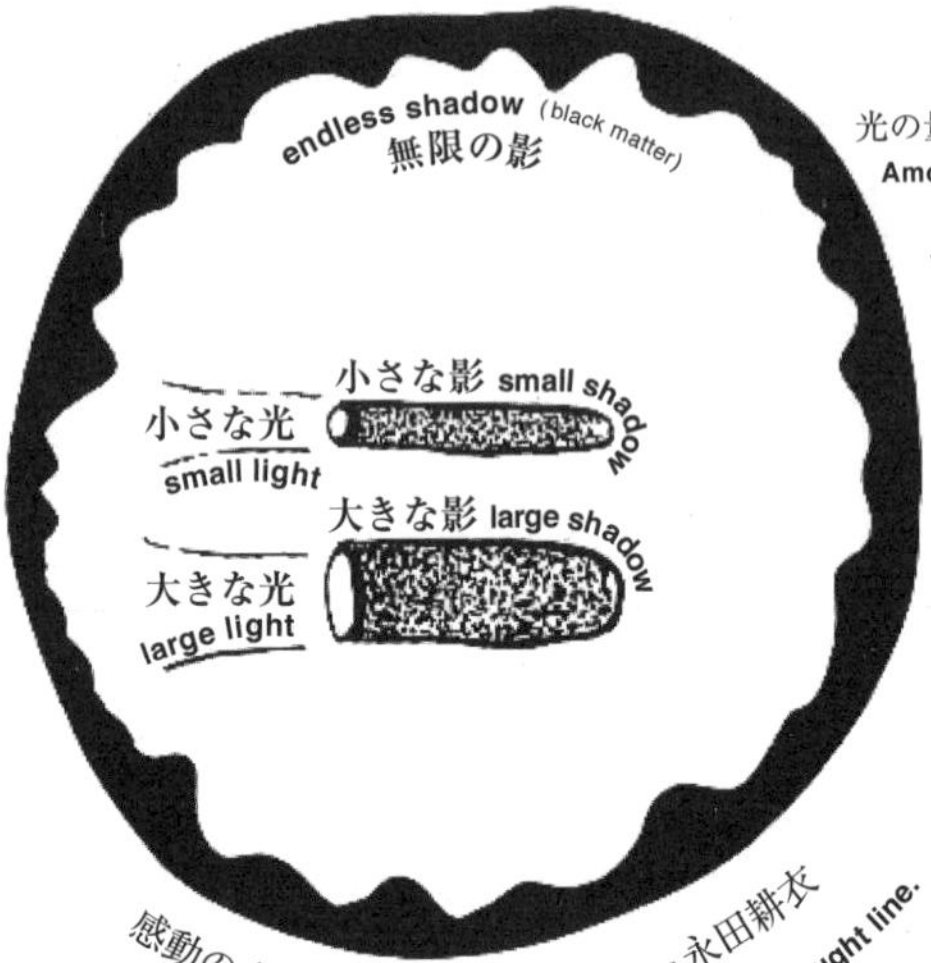

光の量と影の量は一致する

Amount of light dictates size of shadow.

そして、その周囲には、
無限の影（ブラックマター）
に支配されている。

And its surroundings are ruled by an endless shadow
(black matter).

感動の全質量を吃水線下に置く－永田耕衣

The entire mass of impression is put under the draught line.

全宇宙の光は、全宇宙の影に支配されている。

The entire light in the universe is ruled by all of the shadow in the universe.

光
light

- 栄光・客観 （感動のメカニズムを忘れ技術に走る）
  glory objectivity (depends on techniques, forgetting the mechanism of impression)
- 喜び（表面的）
  joys (superficial)

影
shadow

- 主観 （自己を見つめ本質にせまっていく）＝ 宇宙の本質
  subjectivity (Looking at oneself and approaching one's essence).
  ＝ the essence of the universe
- 悲しみ ＝（本質の悲しみを乗りこえたところに本質の喜びがある）
  sorrows ＝ (Beyond conquering one's sorrows, one can gain joys of essence.)

対極として影を求める質量に比例して光を受ける。

On the contrary, the amount of light is given according to the mass of desire for shadow.

魂学符

第五章

魂の海
The Sea of Souls

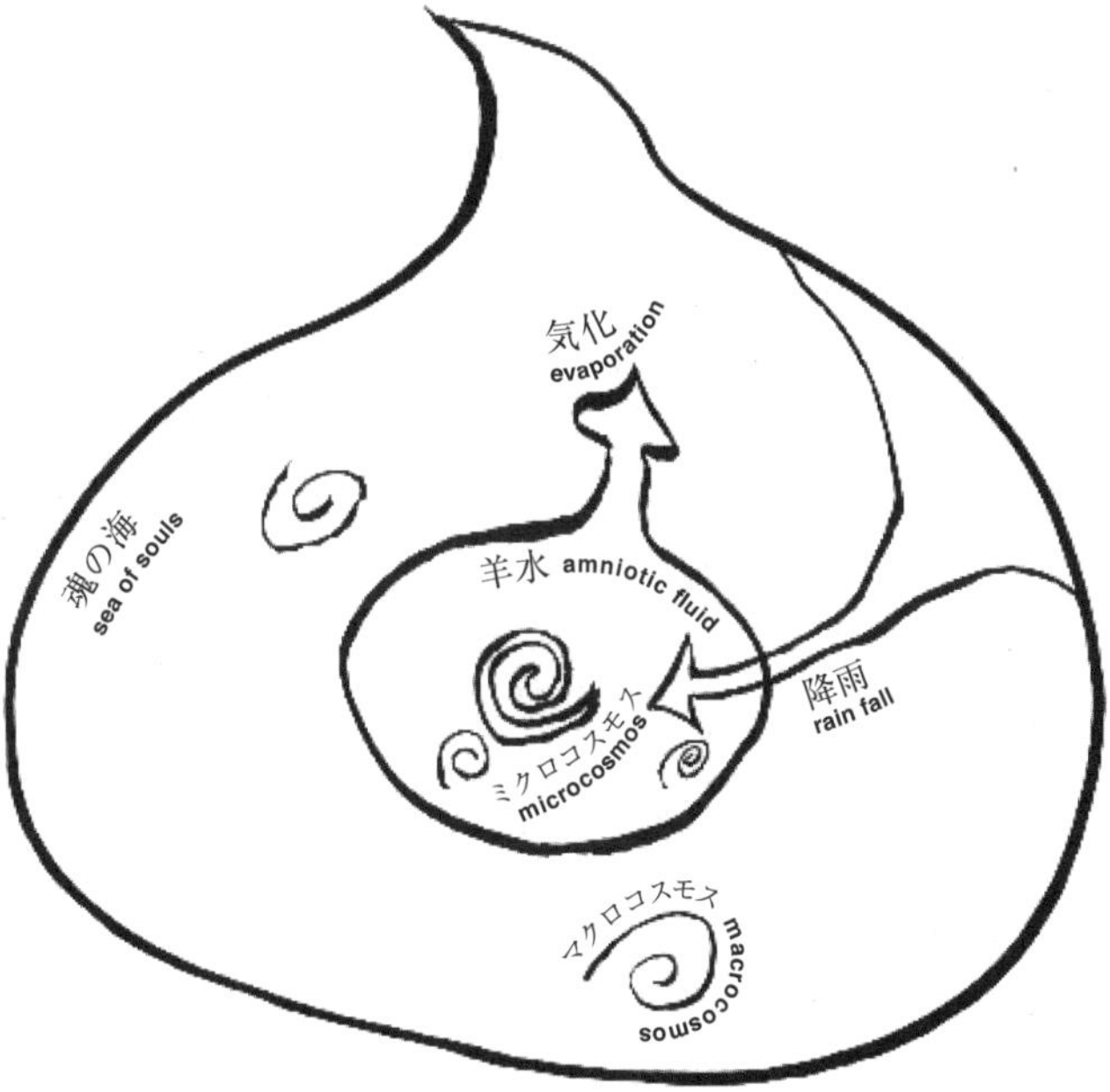

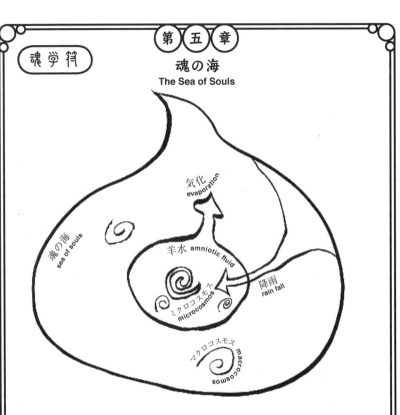

水の変容として、命の生と死の重なりあいの果てにおとずれる新たな命。その源泉として魂魄を内包する海。

A new life, a transforming of water, is seen as a phase in a birth and death cycle, The sea, the source of new lives, involves souls and individuals.

あらゆる顕在と潜在の海が、気化と降雨の輪廻に情動するように、命の変遷は濃密に稼働し続ける。やがて求心力の輪環に乗り、潜在の魂の果てしない浄化をくりかえし、子宮の内部へと旅に出る。

The transformation of life is progressing like the sea, involving both the visible and the invisible; repeating, evaporating, and falling.

そこは魂の海の最深部をくぐり抜け、お母さんに連結する羊水の海だったのだ。いずれ、猛毒が良薬へと変貌する白い谷間の彼方に見えてくる洗礼の大海に浸されていく。

New life is taken into the deep womb by a centripetal force, repeating the endless purification of a latent soul. From the depths of the sea of souls, it arrives at the maternal sea of amniotic fluid. After, it begins the voyage on the ocean of souls which is seen in the distance over the white valley.

魂学符

第六章

水の変容
Transition of water

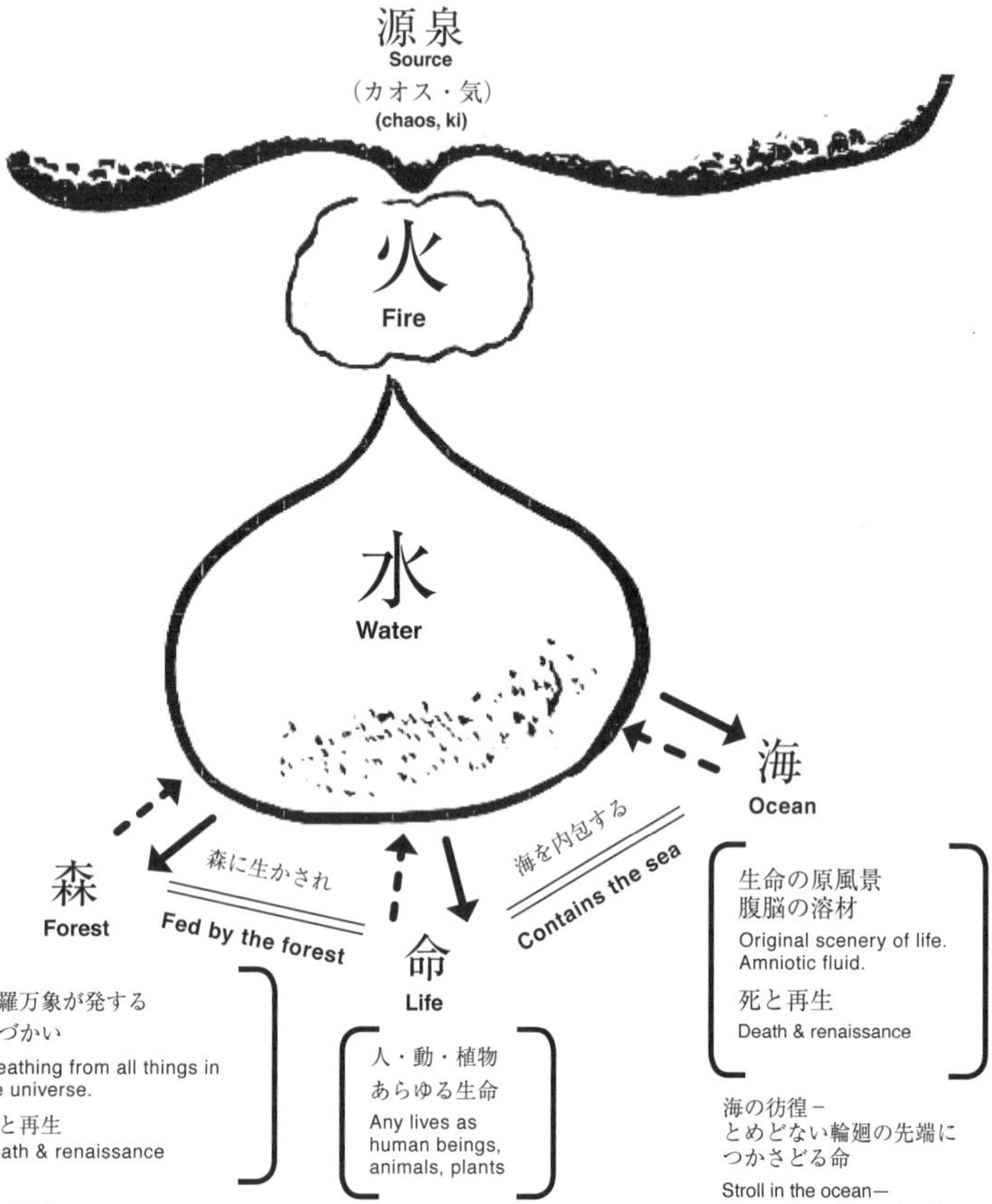

森の散策－
結論のない中で成長する命（胎児）

Stroll in the forest—
Lives growing without conclusion (fetus)

海の彷徨－
とめどない輪廻の先端に
つかさどる命

Stroll in the ocean—
Lives acting at the edge of the transmigration of the soul

魂学符

第七章

瞬間と永遠
Moment & Eternity

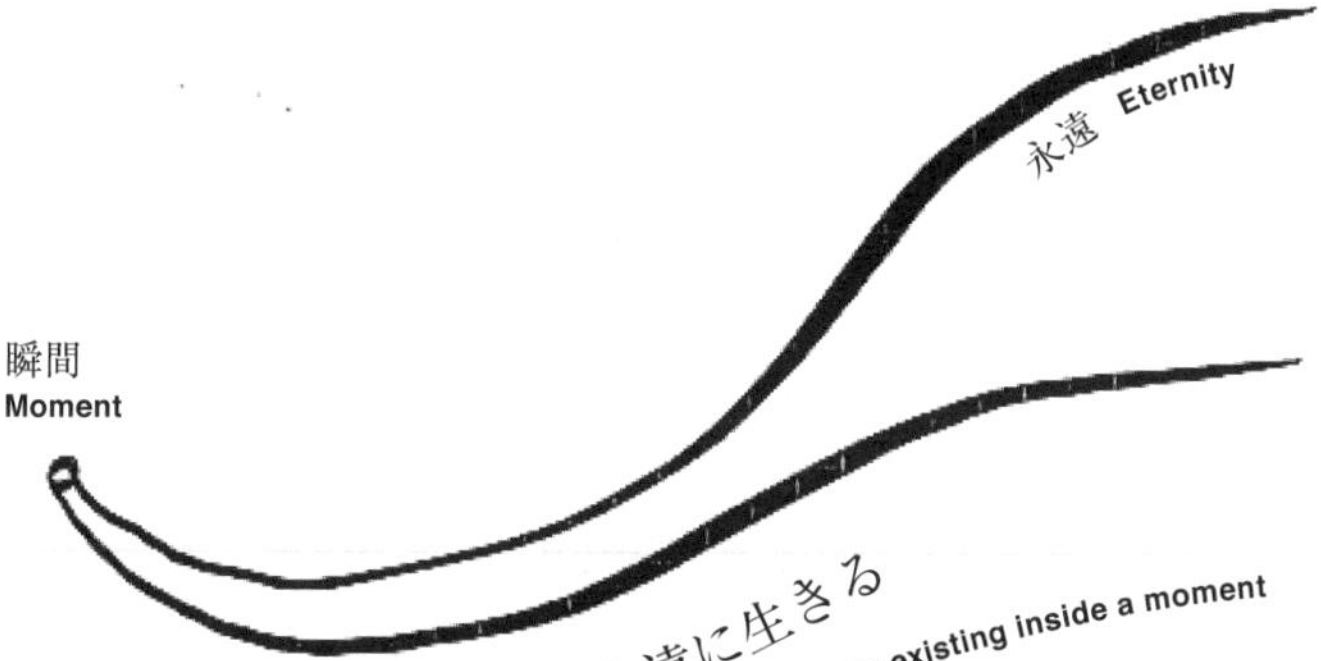

瞬間の中の永遠に生きる

To live in an eternity existing inside a moment

永遠は瞬間を超越し、瞬間は永遠を遮断する。
（ジョーゼス・キャンベル）

Eternity exceeds the moment, and the moment cuts off eternity.
(Joseph Campbell)

円は始まりであり、終わりである。

A circle is not only a beginning but also an ending.

死んでからもだよ－大野一雄

Even after death. – Kazuo Ohno

魂学符

第八章

祈り
Pray

変幻する命の認識を外見者が形として推測することの困難さは、
命を絶つ者の心を解読するうわべだけの晒しものに似ている。

Difficulty for an outsider who tries to assume the endless thoughts of life is similar to a hypocrite who tries to understand a person who killed him or herself.

死んでからも支配し続ける魂の源泉に、
あらゆる技術を超越した即興のゆらぎが沸き出でる。

Instant fluctuations grow above any techniques
in the source of life that controls
even after death……………….

なんのことはない・・・・。
黄泉の国に遺った子の魂に愛の血を流し続けるような母の祈りであり、
やがて必ず方向性を持った思いが新たな生命として花開かせてくれる
にちがいない。

That is the prayer that the mother keeps bleeding her love to the soul of her child
that has gone to Heaven.
Then a wish with direction shall make a new life bloom.

魂学符

第九章

無

Naught (Mu)

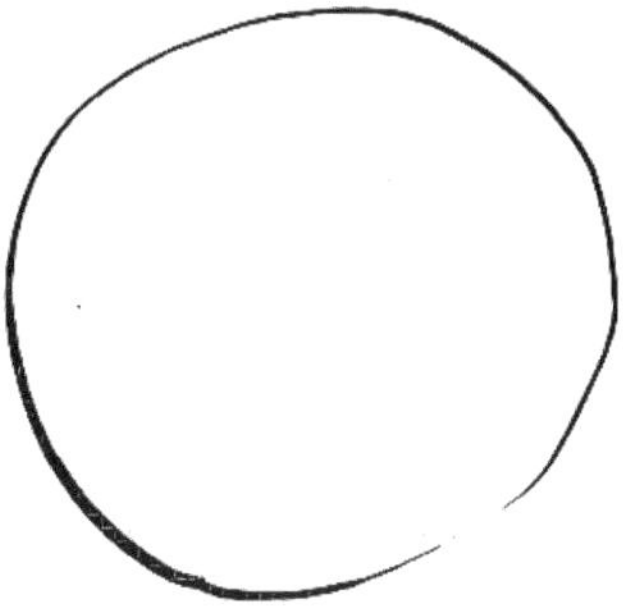

身心脱落

Separation of soul and corpus

無一物こそ無尽蔵

Nothing contains everything

(無とは何もないもので　すべてを含んでいる)

(Naught (Mu) means nothing, but it contains everything.)

ただひたすらに生きる

Just being intent on life

体験すればするほど宇宙の無限性を認識する。

The more one experiences, the more one recognizes the infinity of the universe.

真理は究めるものではなく、ふだんその中（無）に生きることである。

The truth is not to be pursued, the truth is to live in nothing.(Mu)

自我の執着がぬけきった地平に、かけがえのない本当の自由が広がる。

A real irreplaceable freedom is spread on the surface where tendency for ego is abandoned.

そのとき自由自在・融通無礙にまわりが動き出す。

A real irreplaceable freedom is spread on the surface where tenacy for ego is abandoned.

己が世界の主人公となって動き出す。

Then one’s surroundings start acting freely and versatilely, as those of a hero’s.

魂学符

第十章

2つのカオス

The two Chaoses

（無数）（対極）

(infinity) (macro)

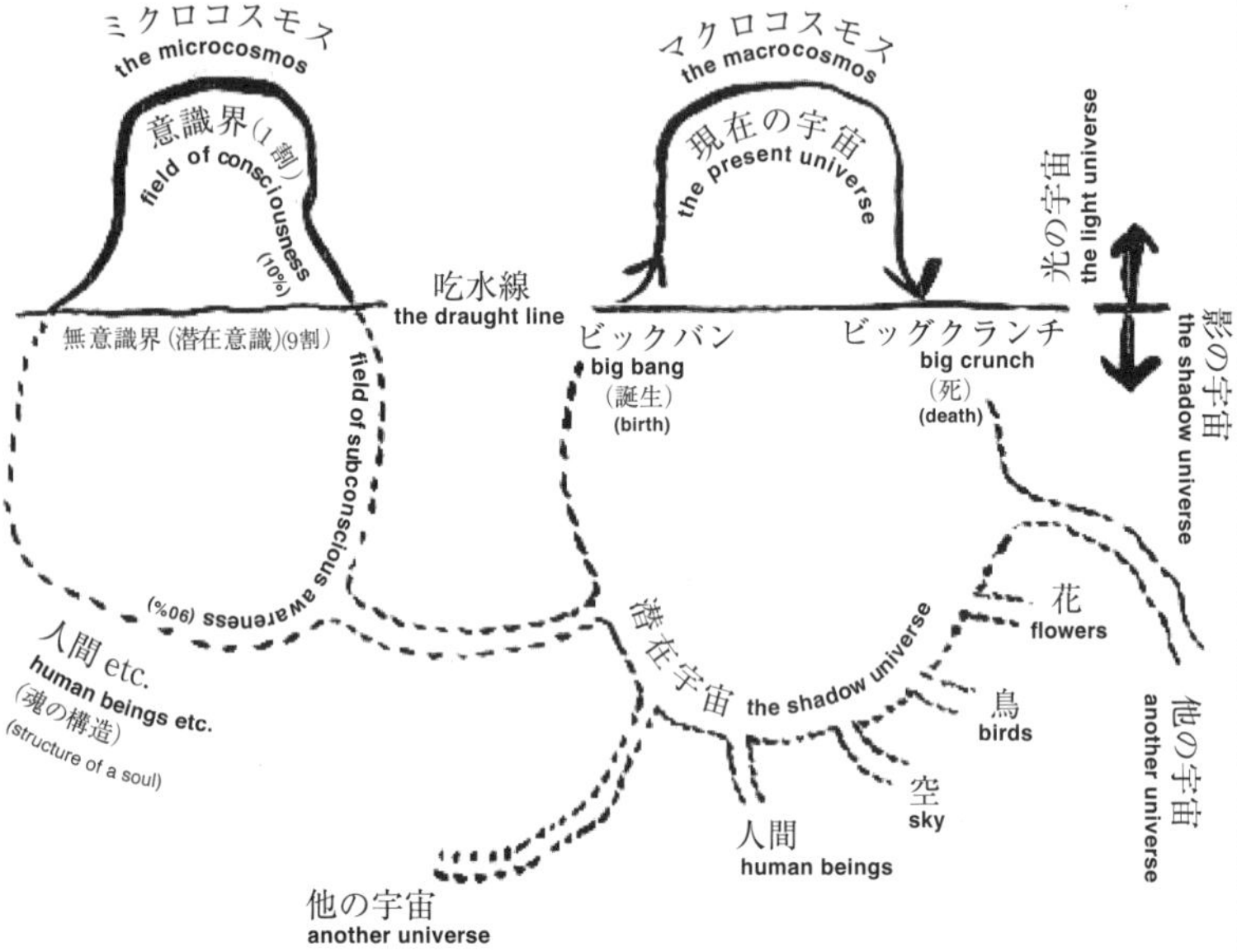

魂のカオスは無数に存在し無数に連結する。

Chaoses of soul exist infinitely, and connect to each other.

潜在的な２つのカオスが相乗効果をもって認識することが、
実感をもった連結を生み、究極的な行動をひきおこす。

Recognition of two chaoses with multiplier effect causes connection
with a sence of reality and the ultimate action.

１つの生命が新たな生命を生みだす。
そして観客のすべての生命（魂）に連結する。
さらに観客も又、新たな生命を生みだす。

A life bears another life.
Then it will be connected to all the lives (souls) of the audience.
The audience will also bear new lives.

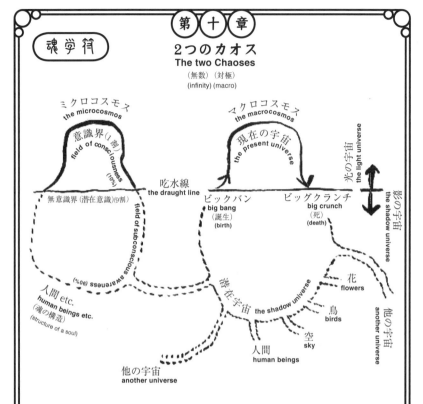

魂学符

第十一章

ゆらぎ

Fluctuations

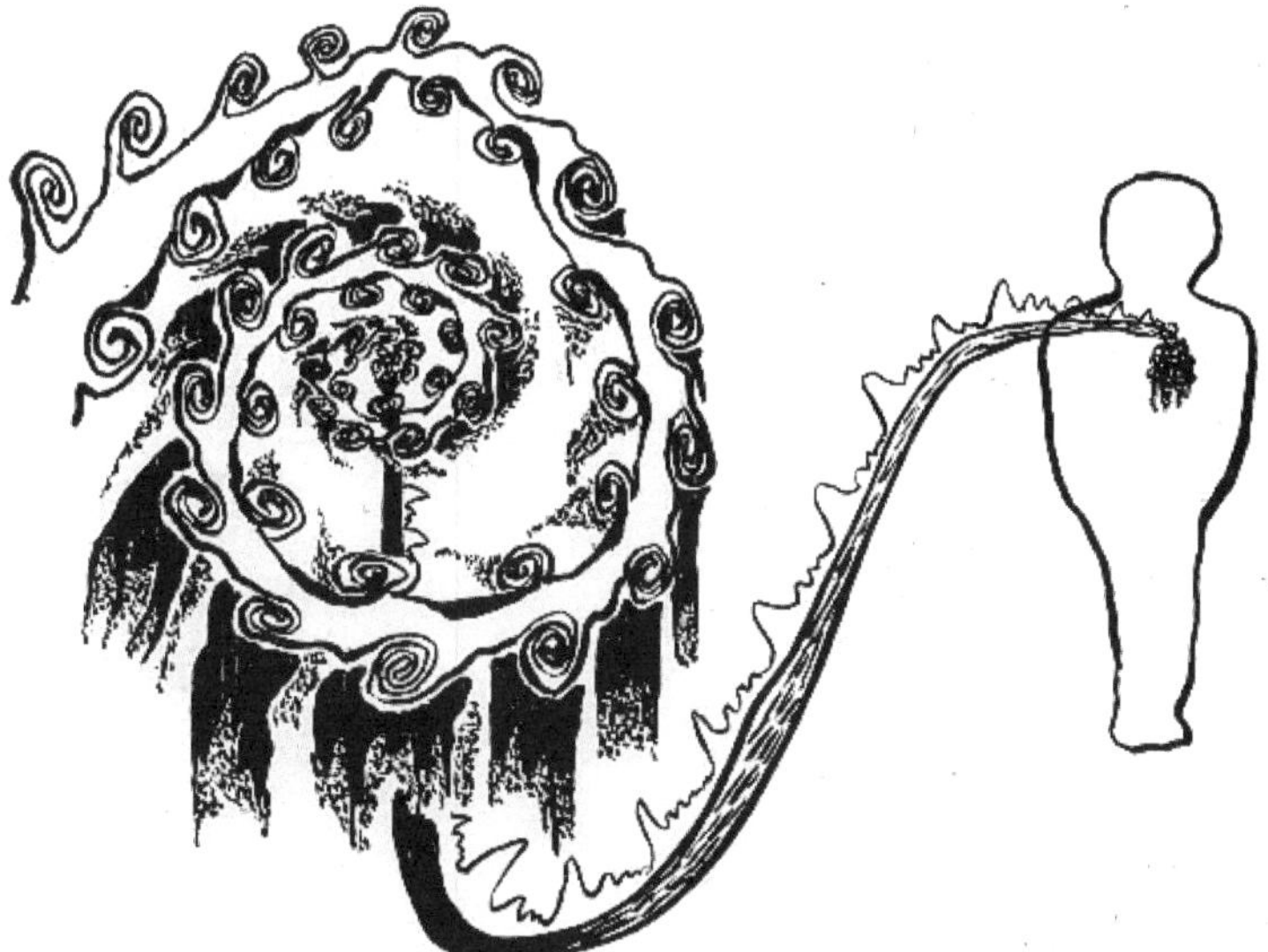

森羅万象　部分的にはランダムな動きをするが、太極視すれば、ゆらぎに収束する。
感動は宇宙のゆらぎ(1/f)を具現化したもの。

All things in the universe move partly at random, but taking a broader view of the matter, all the movements turn out to be fluctuating. Impression is an incarnation of the fluctuations of the universe (1/f).

命の源流への絶ゆまぬ祈りにより、自我の消滅の洗礼を経て融通無礙自由自在のゆらぎ(1/f)を常時内包し、普遍的なともしびが永遠にともるだろう。

By constantly praying for the source of life, one's ego disappears and a universal light will burn forever, containing all of the fluctuations (1/f) in it.

量子力学の確率的性格は、本源的原理的なものである－不確定性原理(ハイゼンベルグ)

The character of probability in quantum dynamics is essential and primary.

魂学符

第十二章

道(タオ)と気

Tao & Ki
(Road & Spirit)

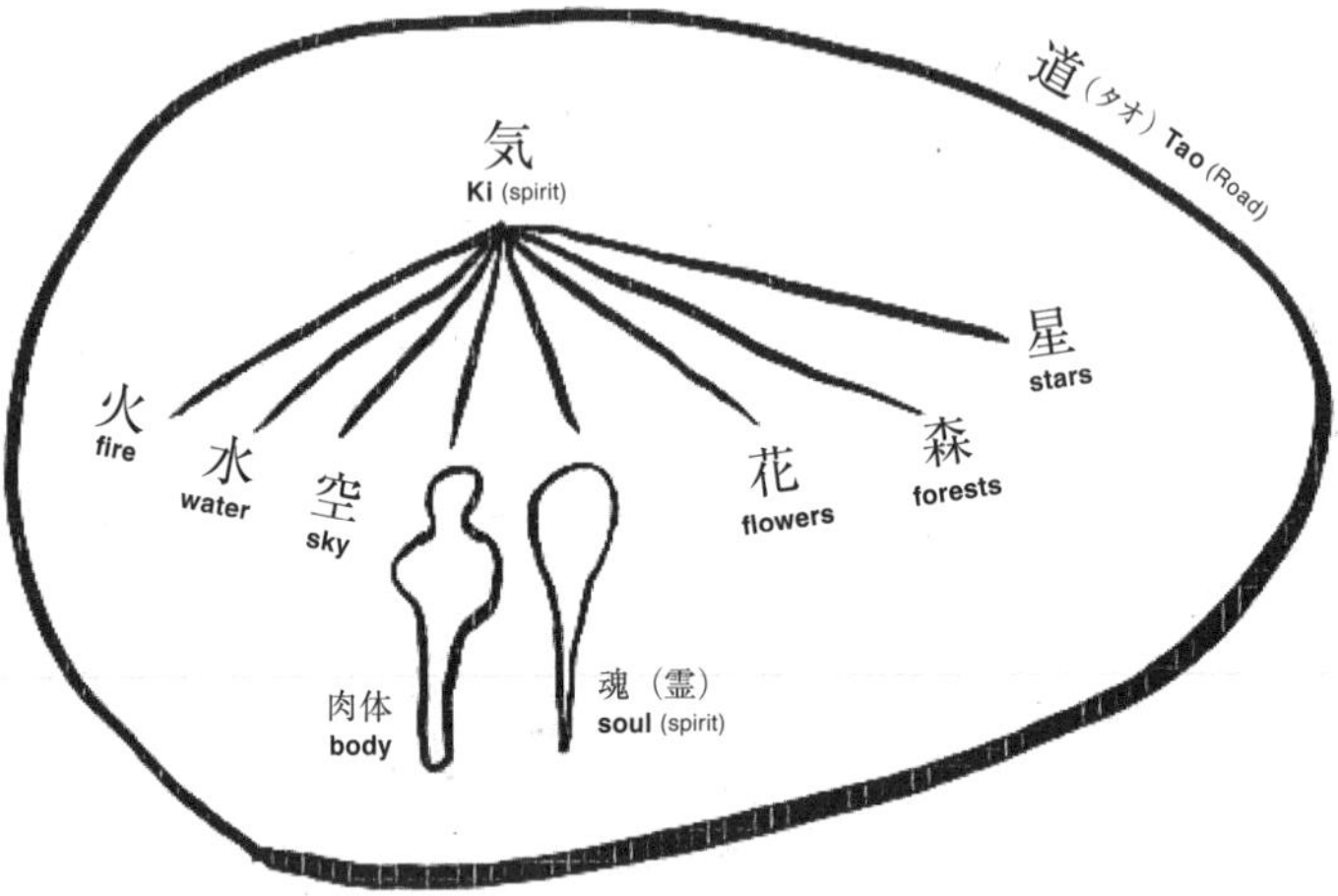

西洋 ── 霊肉二元論(霊は肉体を超越した命の原理)
The west **Dualism** (soul & body)

東洋 ── 気の一元論(物質も霊も《気》の様態にすぎない)
The east **Monism** (Ki) (Objects and soul are just figures of ≪ ki ≫)

この宇宙の存在や現象がいかに多様でも、
それを成り立たせている一元的な何かがあると認め、
それに《気》の名を与えた。
《道(タオ)》は、この気が帰還していくところを指している。

No matter how phenomena vary in the universe,
we recognize that there is something that
makes them exist, and we name it ≪ ki ≫.
≪ Tao ≫ is the road where ≪ ki ≫ returns.

魂学符

第十三章

求心力と遠心力
Centripetal Force & Centrifugal Force

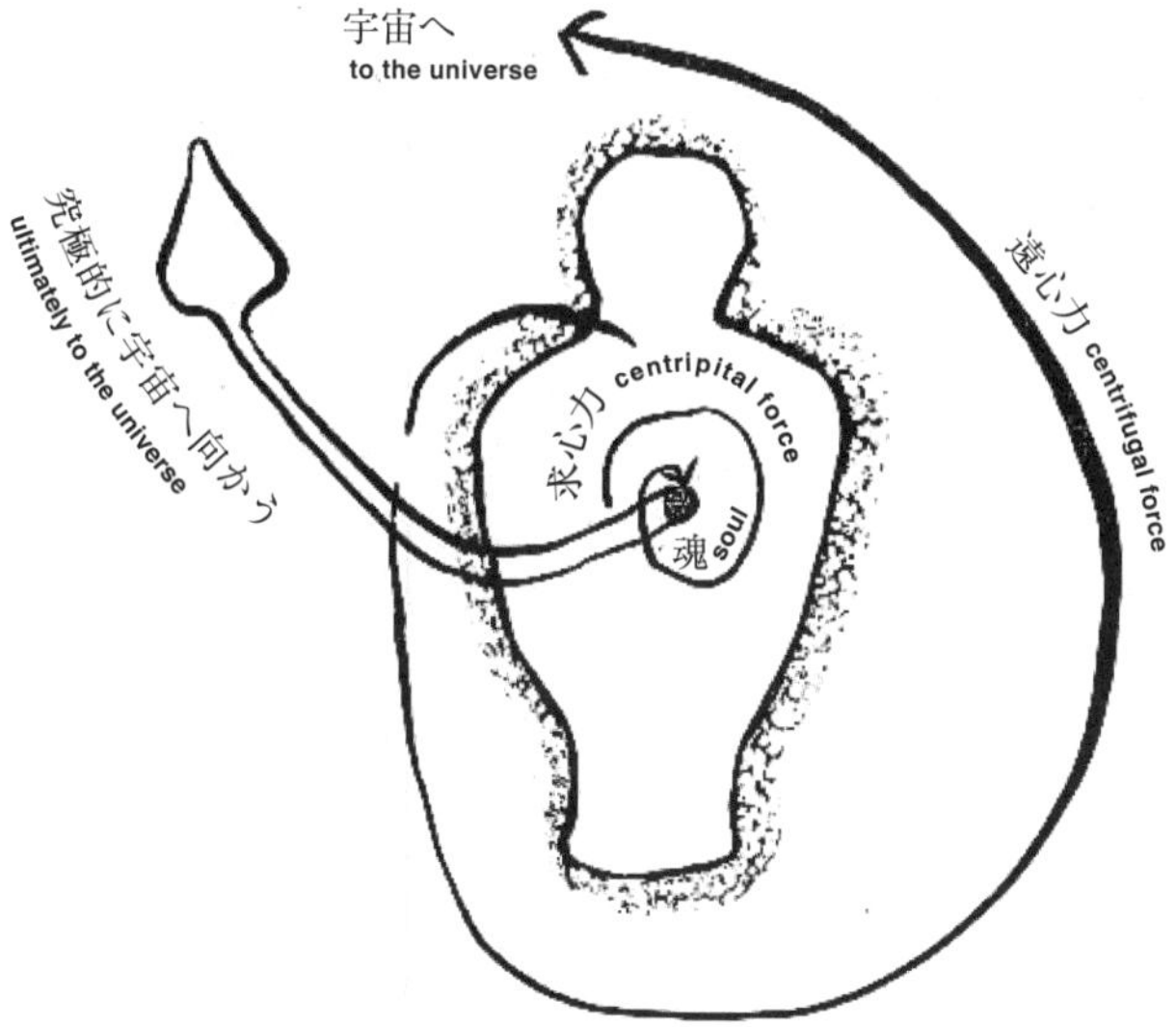

求心力の中心が遠心力の彼方（宇宙）へと連結する。

The core of the centripetal force will connect the universe that is the final destination of the centrifugal force.

一つの宇宙が別の宇宙を生み、小さなものから大きなものを生みだす。そして生き生きとゆらいでいる（1/ f）。

A universe creates another universe. A small thing creates a big thing.

求心力（ミクロコスモス）
- 魂が向かうところ
- 母＝女の原点
- 赤の軌跡
- 中心点が宇宙へ向かう

Centripetal Force (micro cosmos)
- the place where the soul leads
- Mother = origin of female
- the locus of red
- its core heads for the universe

遠心力
- 肉体が向かうところ
- 父＝男の原点
- 青の軌跡
- 彼方が宇宙へ向かう

Centrifugal Force
- the place where the body leads
- Father = origin of male
- the locus of blue
- heads for the universe

第十四章

魂学符

形と命
Form & Life

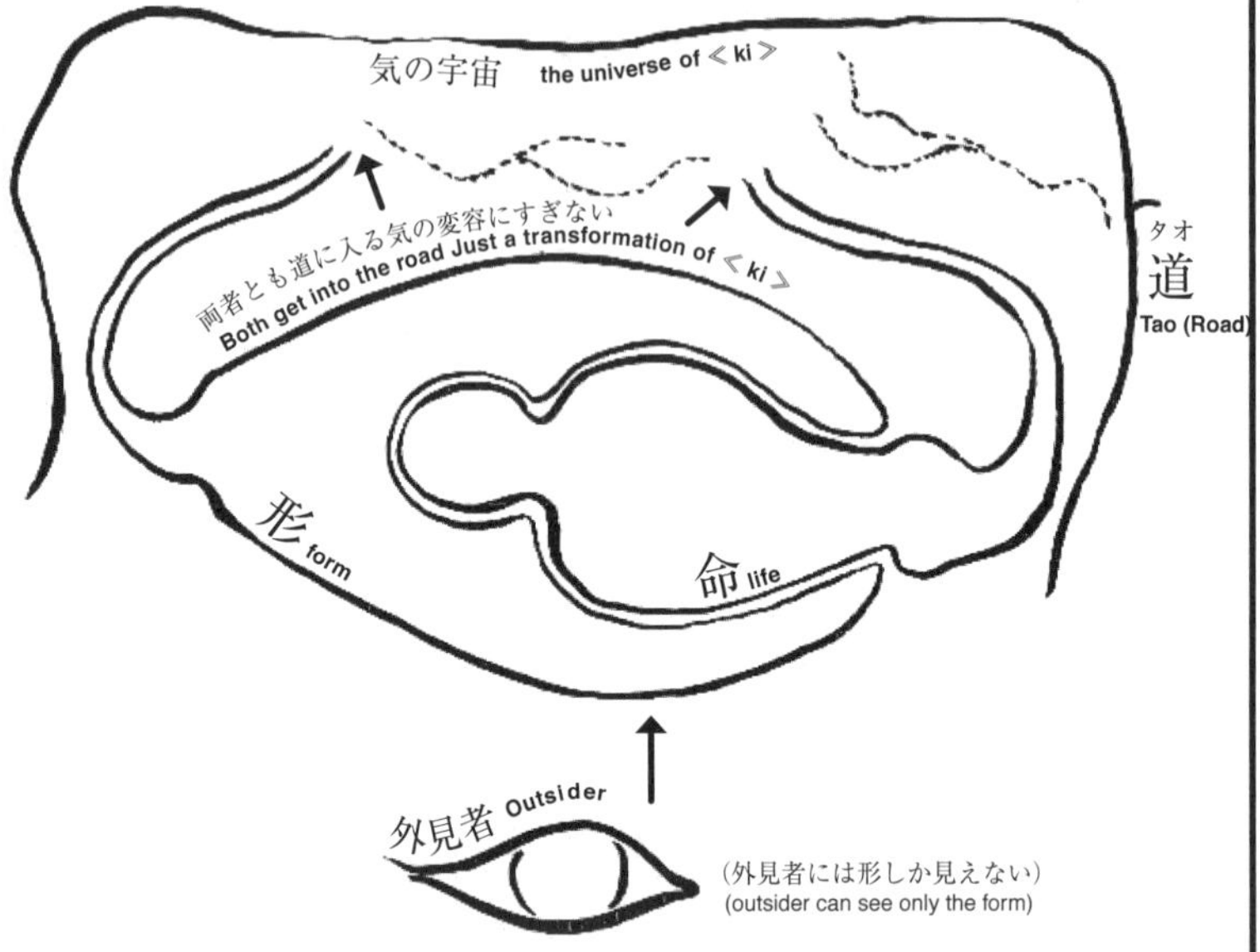

形 { 技術に裏打ちされた様式 / 肉体に本質を置く / 到達点を重視する

命 { 本質(命)を核とする即興(宇宙のゆらぎ) / 魂に本質を置く / 過程を重視する

形 を表現するための命を形成する

土方の世界

命 を表現するための形を形成する

大野の世界

Form { form proven by techniques / body is the essence / destination is important

Life { instant trembling with a core of the essence (life) (1/f Fluctuation) / soul is the essence / process is important

To form a life which expresses a figure
Hijikata's world

To form a figure which expresses life
Ohno's world

魂学符

第十五章
融合と分離
Fusion & Separation

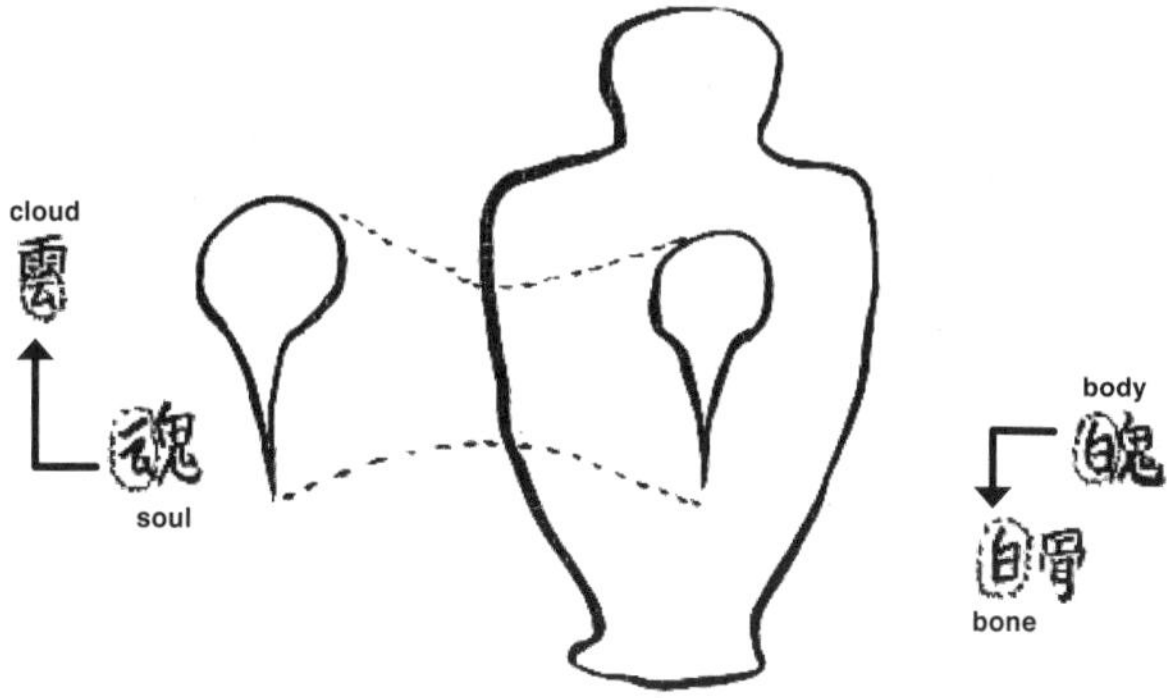

Phenomena 現象

魂魄一致 ＝ 生 **harmony of soul and body = life**

魂魄分離 ＝ 死 **separation of soul and body = death**

死をむかえ魂は雲の上へ魄は白骨へ向かう
これは単なる現象にすぎない

(the soul after death flies over clouds
and the body transforms in birth)
This is just a phenomenon.

reality 実態

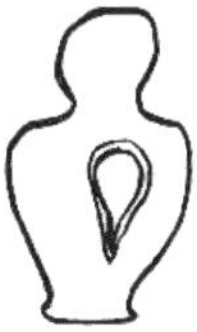

顕在意識 ＝ 死
conscious awareness = death
（魂魄一致へ向かう）
(towards harmony of soul and body)

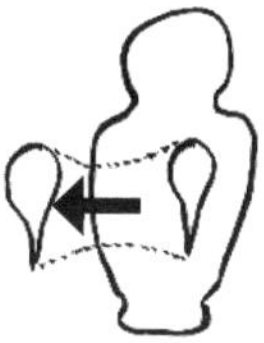

潜在意識 ＝ 生
subconscious awareness = life
（魂魄分離へ向かう）
(towards separation of soul and body)

極度の集中状態の後に思い（祈り）が方向性を持ち
潜在的な動きに支配される。

Thoughts (prayers) after ultimate concentration will have a direction
and they will be ruled by the latent power.

魂学符

舞
Dancing

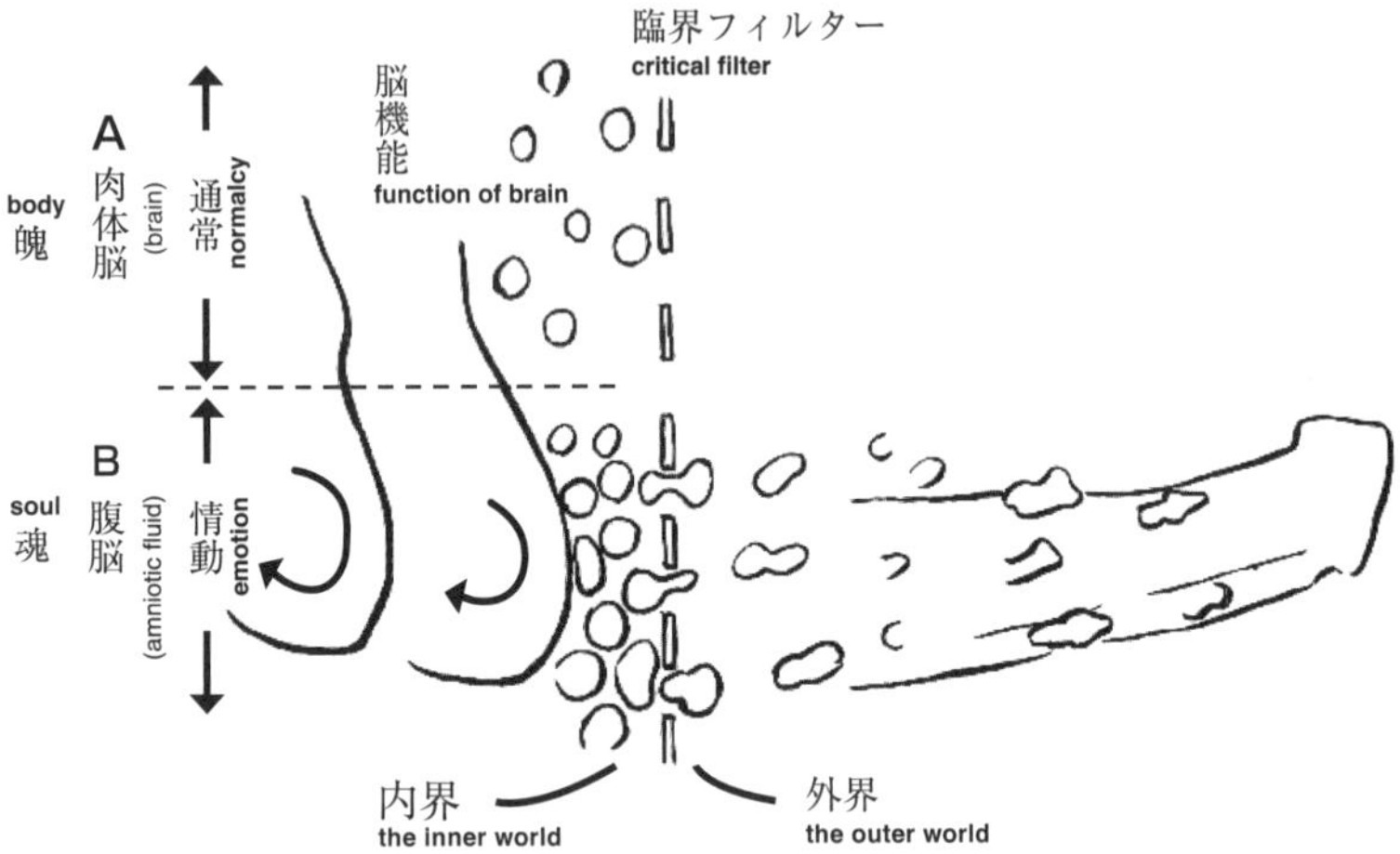

A の状態においても宇宙の構成因子として実存しているが、
B の状態で潜在的に肉体を指令することが舞である。

Dancing exists as constituent element even in the A condition, but the real meaning of dancing is to command the body subconsciously in B condition.

このとき魂のエネルギーは臨界フィルターを通過し外界へ
放出され、やがて方向性（共時性）を持つ。

At that time, the energy of soul gets through to the outer world. Then it finds direction.

生と死を内包する命
舞とは命の実証である

Dancing is evidence of life.
Life contains both life and death.

A 肉体脳(魄) **brain** (body)
B 腹脳(魂) **amniotic fluid** (soul)

AとBの調和のもとに臨界フィルターを通過する
Both get through the critical filter with harmony of A and B.

魂学符

第十七章

わかれ路
Forked roads

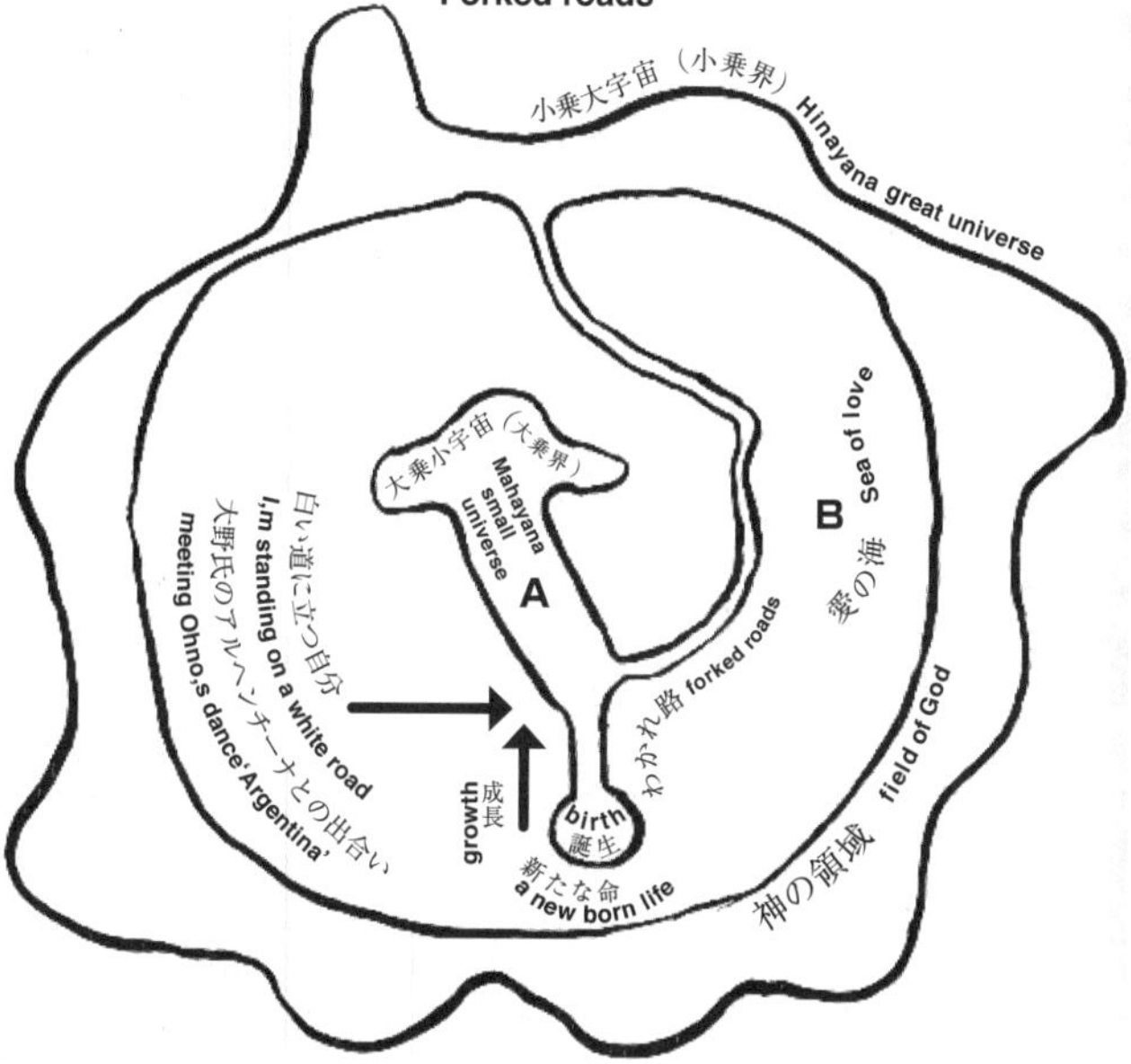

新たな命として誕生し、成長していく過程においてわかれ路にさしかかり、

A new born life approaches the forked roads during its growing process, and

A

大多数は A ロード
Majority takes road A

- 光り輝く広い道（顕在の道）　shining wide road (tangible road)
- 安易に得る　富・名声・名誉心 etc　easily acquired wealth, reputation, honor etc.
- 大乗小宇宙（大乗界）に到る　leads to Mahayana small universe

B

極小数は B ロード
Few takes road B

- 暗く厳しい狭い道（潜在の道）　dark, hard and narrow road (subconscious road)
- やがて大乗界を遥かに乗り越え大宇宙（神の領域）へと到達し、
  不変の輝きを放ち、無限の愛の海へ浸り、
  あらゆる命をとり囲むように変貌する。

  Then the new born life reaches Hinayana great universe after climbing over Mahayana small universe. There it shines forever, and it is immersed in the endless sea of love. It transforms to surround any lives.

わかれ路
Forked roads

- 内面凝視をくりかえし自己宇宙を掘り下げ小乗大宇宙（神の領域）
  へ到るＢロードをさぐりあてたとき、わかれ路が見えてくる。

  21 Examining one's inside digging one's own universe again and again, one can grope for and discover the road B that leads to Hinayana great universe (field of God). Then the forked roads can be seen.

魂学符

第十八章

特異点

Unique and special point

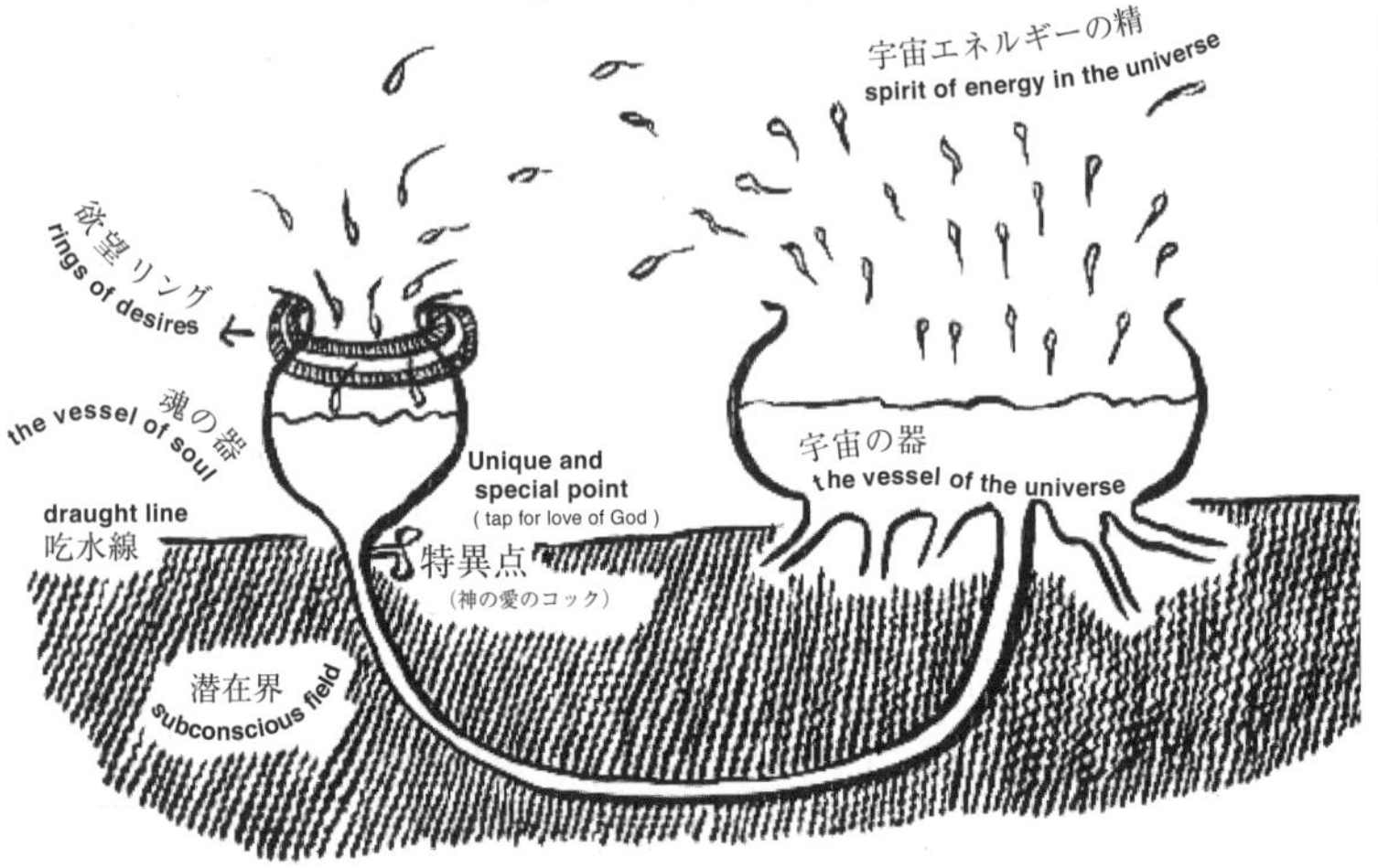

宇宙エネルギーの精を吸収し、魂の器が満杯になったとき　吃水線下の潜在界にある特異点（神の愛のコック）が開き、宇宙の器と連結し循環し始める。

When the vessel absorbs the spirit of energy in the universe and becomes full, the unique and special point (the tap for love of God) located under the draft line opens and the vessel gets connected to the vessel of the universe and the energy starts circulating.

欲望のリングーたえず太さが変化する魔界のリング

Ring of desire—Ring of the world of Satan whose size always changes.

小乗界へ向かおうとする修行を繰り返すことにより、欲望のリングが次第に太くなり、やがて大きく口を開き　魂の器に宇宙エネルギーの精が無数にとびこみ、満杯になる。

Continuous ascetic practices slowly make the rings of desire larger, then the mouth of the vessel opens widely. Innumerable spirits of energy get into the vessel of soul and fill it up.

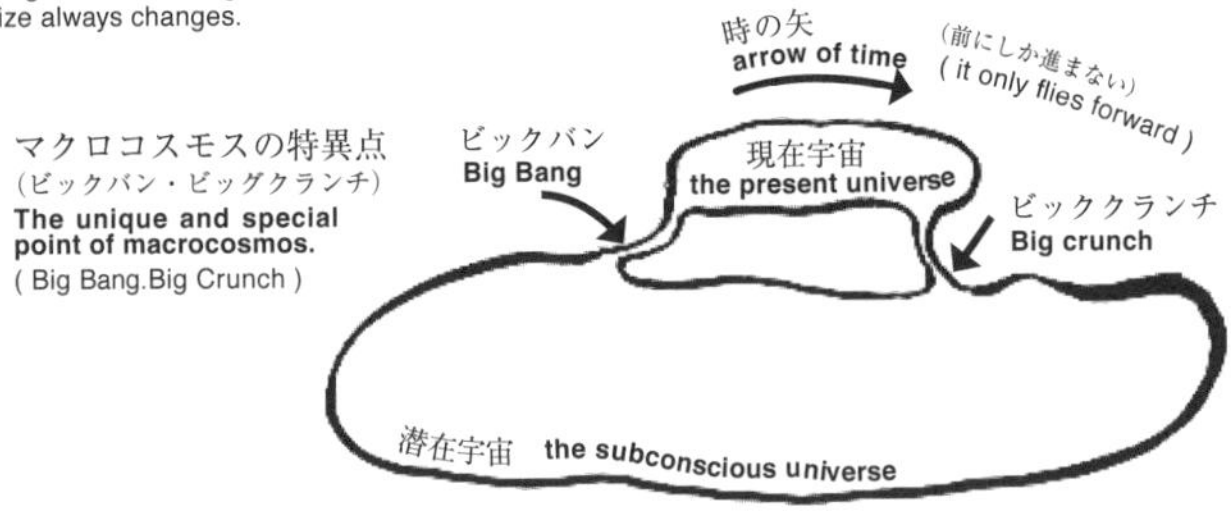

特異点が開いたのち魂の精はタオ（道）に同化する。

The unique and special point of macrocosmos.

魂学符

第十九章

殺意

The urge to kill

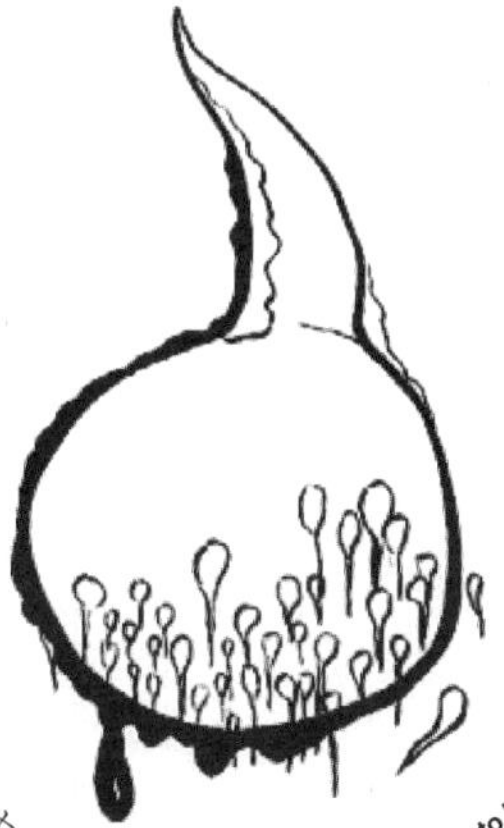

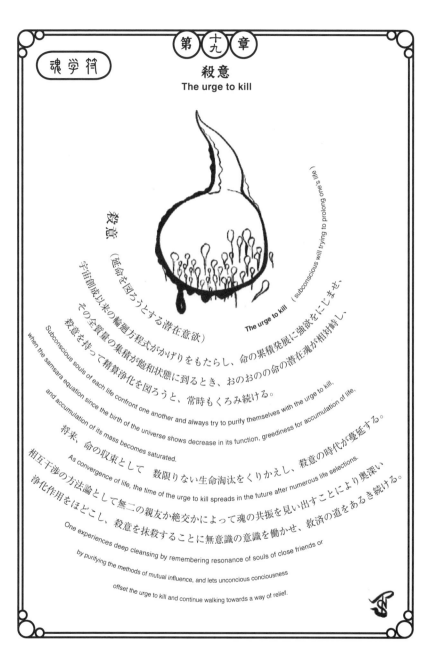

殺意（延命を図ろうとする潜在意欲）

The urge to kill （subconscious will trying to prolong one's life）

宇宙創成以来の輪廻方程式がかげりをもたらし、命の累積発展に強欲をにじませ、その全質量の集積が飽和状態に到るとき、おのおのの命の潜在魂が相対峙し、殺意を持って精算浄化を図ろうと、常時もくろみ続ける。

Subconscious souls of each life confront one another and always try to purify themselves with the urge to kill, when the samsara equation since the birth of the universe shows decrease in its function, greediness for accumulation of life, and accumulation of its mass becomes saturated.

将来、命の収束として　数限りない生命淘汰をくりかえし、殺意の時代が蔓延する。

As convergence of life, the time of the urge to kill spreads in the future after numerous life selections.

相互干渉の方法論として無二の親友か絶交かによって魂の共振を見い出すことにより奥深い浄化作用をほどこし、殺意を抹殺することに無意識の意識を働かせ、救済の道をあるき続ける。

One experiences deep cleansing by remembering resonance of souls of close friends or by purifying the methods of mutual influence, and lets unconcious conciousness offset the urge to kill and continue walking towards a way of relief.

魂学符

第二十章

無限連鎖

Infinite Chain

感動の本質 ＝ 時間の量

Essence of impression = Amount of time

感動を察知する感性は悲しみの海の中で常に動き（1/ f ゆらぎ）を伴う

Sensitivity to sense an impression is always accompanied with fluctuation in the sea of sorrow.（1/f fluctuations）

死のカオスのダンス（魂の表現）で放射のあと魂の冬眠にうもれ解毒する

One counteracts the poison after it was emitted by a dance (expression of soul) of chaos of death, and buried among hibernation of a soul.

放射と冬眠のゆらぎ（1/ f ）のなかで、生体エネルギーの抹殺を防禦する

In the fluctuations between emission and hibernation, (1/f fluctuations) bioenergy is defended from erasure.

真実とは何か－それは存在－母－カオス（悲しみの海）

What is the truth? － It is an existence.－ Mother － Chaos(the sea of sorrow)

ゆらぎ（1/ f）のなかで魂は成長する

A soul grows up in 1/f fluctuations.

時空を乗り越えた感動が無限に連鎖し続ける

The impression that exceeds space-time continues changing indefinitely.

魂学符

第二十一章

彼岸の輪廻

The transmigration of soul

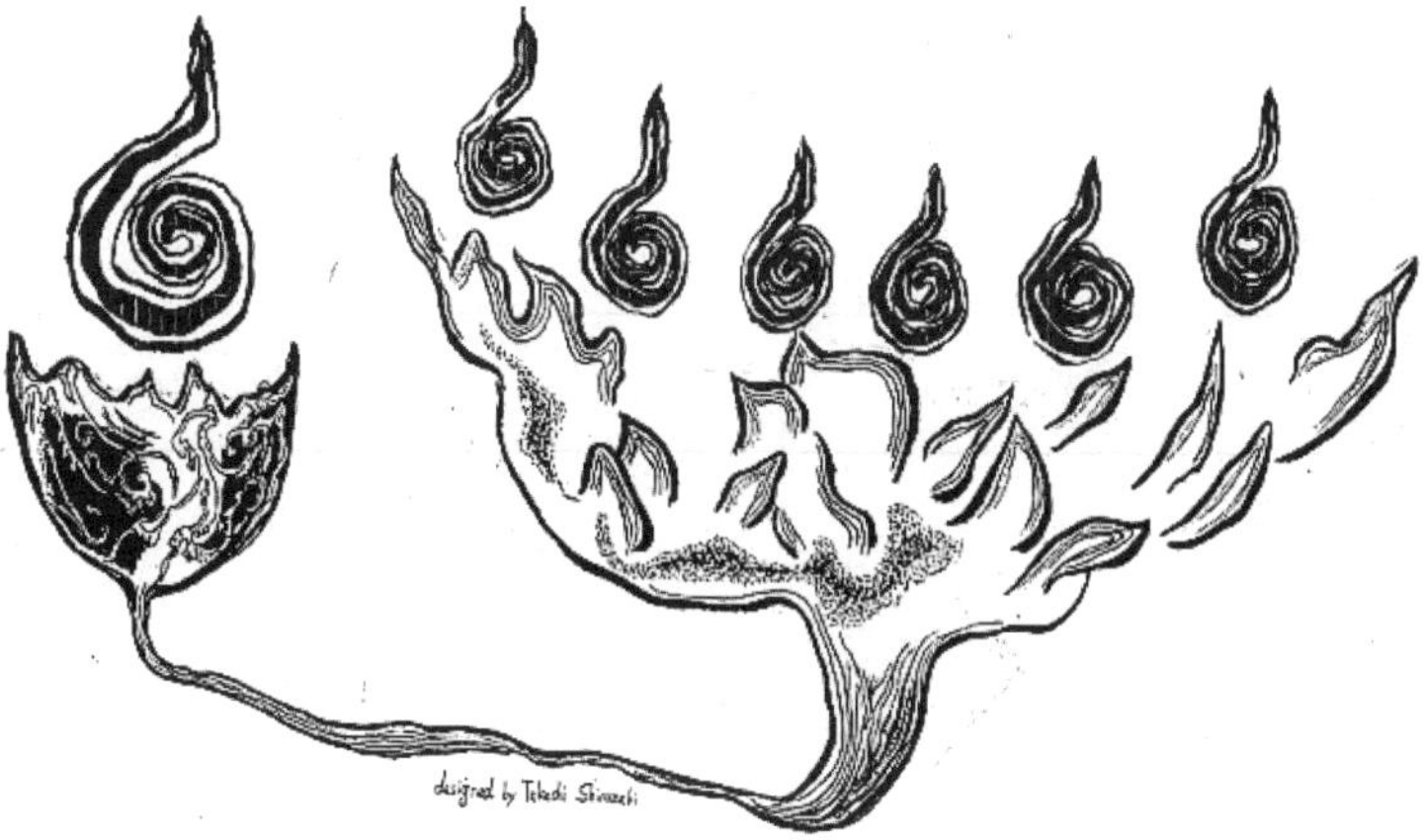

夢にまで見た修羅場の彼方に一筋の光が見えたとき、
命の全質量を闇の吃水線下に連結させ、
一つの生命が新たな生命を生みだす。
その無数に存在し、
無数に連鎖する魂の彼岸に
命の花が咲いている。

When light flashes beyond a scene of carnage,
a life bears another life;
condensing the full mass of life under the draft line.
Buds of new lives are blooming
at the river bank of the next world
where innumerable souls are chained.

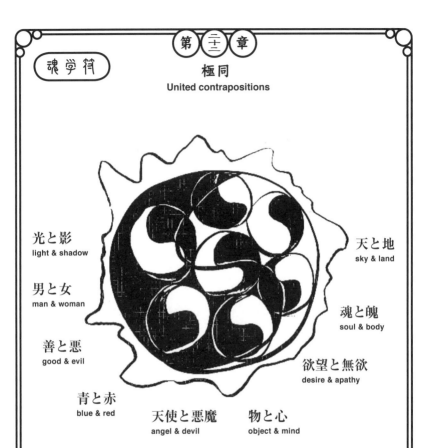

魂学符

第二十二章

極同

United contrapositions

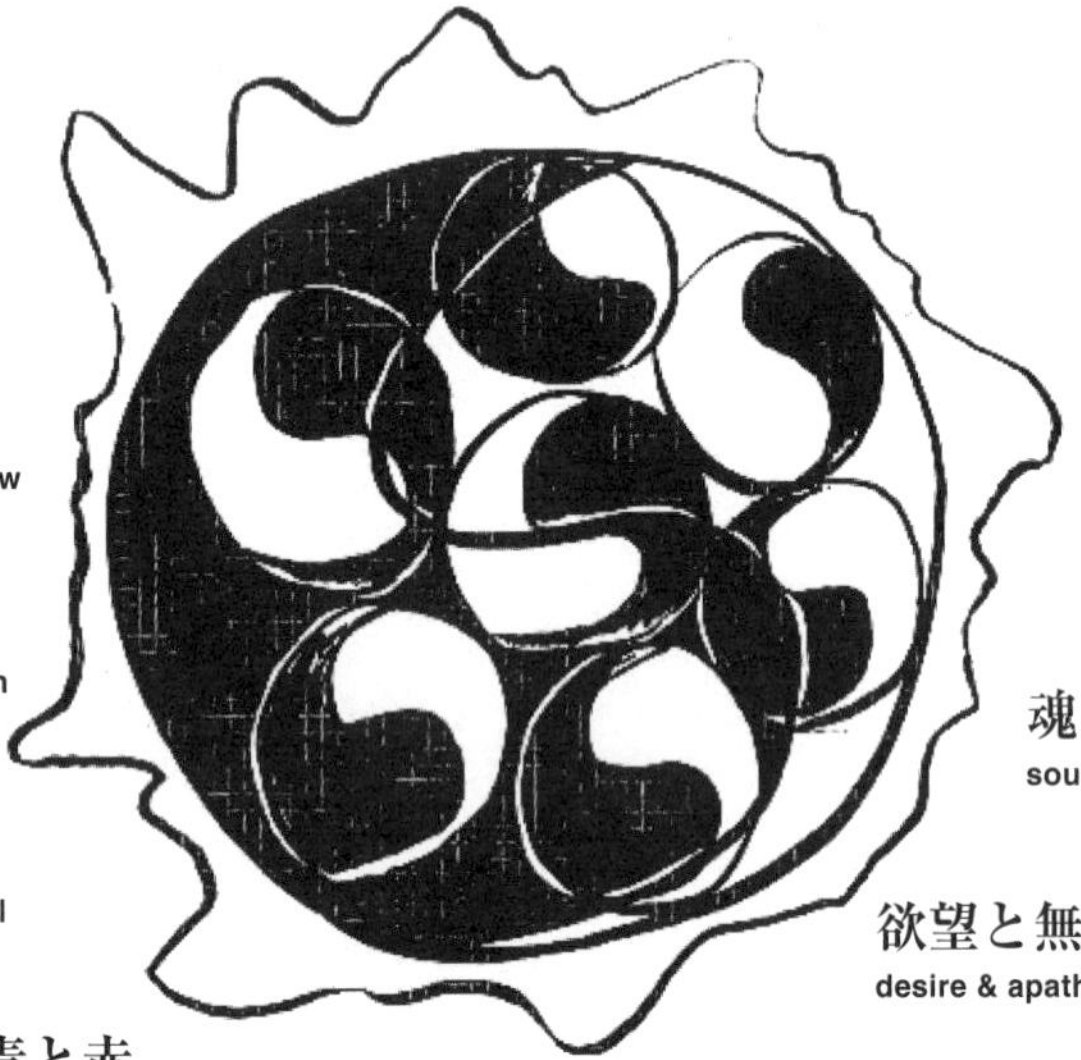

あらゆる森羅万象の対極を連結させ・結論のない成長をとげ、極同の海を泳ぎつづけ永遠の命をはぐくむ。やがて不滅の魂塊にまんべんなく炎がとりつき、時空を超え昇華し続けている。

All the contrapositions in the universe are chained, and grow for non-conclusion, then keep swimming in the sea of united contrapositions, then finally an eternal life is brought up. Soon fire clings to a lump of soul, and it keeps sublimating beyond time and space.

魂学符

第二十三章

夢幻の結末

Ending of Dreams and Phantasma

夢幻の結末

身も知らぬ南海の
遥かな青海原でたわむれる男と女よ
穢れなき光と風しか知らない若者は
衝動に身をまかせるまま
いつか必ず
その気が違った白い谷間をくぐりぬけ
夢の世界へ旅に出る
悪夢にうなされ
飛びおきるなら
ただ
肉体をむさぼるだけの
鬼に変身しており
あなたは自己反省のみを好み
私は嫌悪を抱かないまま融けてゆく
血が滲むように高揚し
冷水状態に転落する時の
陰鬱な腐情
自己発見した時は
心のみならず
頭髪にも白毛がまじり怪奇な皺が綾を楽しみ
苦悶するゆとりもなく
断続的な放心状態を喜ぶ白痴
床に顔を摩りつけ
のたうちまわる

心は
無音無色の住人であるにも拘らず
たえず人間の呵責に
脅かされねばならぬとは
限りなく奇異幻妖であること夥しい
その一つの狂状態に正反対の模索進行が
より近道であることがしばしばある
その確率たるや
紙面上の方程式等の管轄外であり
およそ行きあたりばったりの偶然性を秘め
迷路に落ち込んだ時の
心気朦朧たる
狼狽たるや

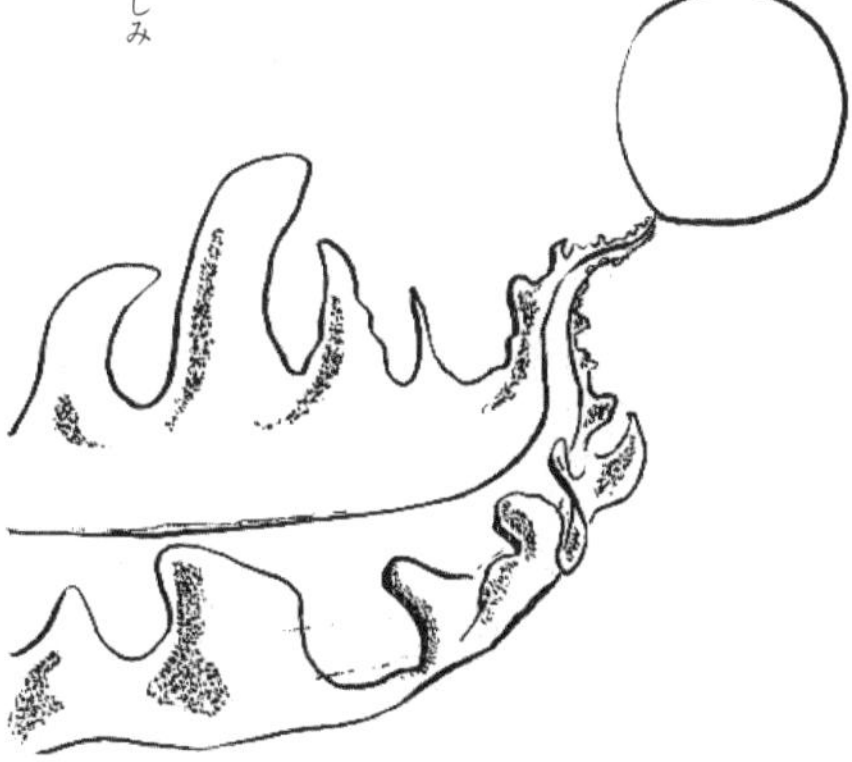

疫病にさいなまれ
生命の価値を貪る終身犯であり
とりとめもなく陰惨だ
そして
必然的に現われ出でる
男と女の終焉の死に場所は
そのお互いの存在をくぐりぬけ
結局
遥かかなたへと飛び去る以外
はたして何の真実が残されよう

昭　四九年十月八日
同人誌「中央文学」より

A man and a woman are playing in the blue
expanse of a far and unknown south sea.
The innocent youth, who knows only purity in
light and wind, will impulsively travel to the
dreamland through a white valley.
I sit up, awoken by the nightmare, and
transform into an ogre, converting sensual
pleasure.
As you tend towards introspection, I dissolve
into unconsciousness; there is no animosity.
But my blood boils, and I feel gloominess and
depression when you fall into cold water.
Again, I come around, but body and mind have
become old. The wrinkles of both enjoy their twill.
An idiot may be amused, not angered,
with periodical absentmindedness.
He soon rubs his face across the floorboards.
A mind, in its colourlessness and silence,
must be an odd and mysterious apparition
to behold; always, it will fear the scolding of men.
To dismiss the confusion, you seize the
shortcut that lies in the opposite world.
The answer cannot be found through
equations on paper. It has an accidental nature.
But when lost in a maze, my semi consciousness,
disconcertion, and cruelty devour the value of
my being, as would a life sentence handed down
to the terminally ill defendant.
The pairing of man and woman inevitably ends,
as they pass through their own existences and
fly away to their own worlds.
What other truth remains?

篠崎 崇　しのざき たかし
栃木県宇都宮市上横田町504
1952年７月28日生
1968年　宇都宮東高等学校
1972年　東京電機大学
1976年　栃木県警察官
1982年　㈲篠崎クリエーション　設立
1999年　ガス会社　設立
日本国内海外　個展応募展出品多数
招魂の画家／国連支援交流協会　理事長兼文化・芸術振興支部長
2008年
ハーバード大学主催「世界文化学会」にて画集「虚舟」発表
2011年10月15日→2012年１月９日
岡本太郎生誕百年記念展として岡本太郎美術館にて「虚舟展」開催
2012年３月
ノーベル財団主催国際シンポジウムテキストに「虚舟展」掲載
作品形態
一版多色擦り創作版画を確立（金属亜鉛板使用）
宝石貴金属使用のミクストメディア絵画を確立
コンセプト
命の大切さを表現するために今は亡き愛する人の魂をこの世に呼び戻す招魂の作品群を創作する。

【シリウスvsオリオン】あなたのぜったい知らない地球の完全秘密リスト

第一刷 2019年1月31日
第二刷 2025年5月1日

著者 篠崎 崇

発行人 石井健資
発行所 株式会社ヒカルランド
〒162-0821 東京都新宿区津久戸町3-11 TH1ビル6F
電話 03-6265-0852 ファックス 03-6265-0853
http://www.hikaruland.co.jp info@hikaruland.co.jp
振替 00180-8-496587
本文・カバー・製本 中央精版印刷株式会社
DTP 株式会社キャップス
編集担当 志田恵里

ISBN978-4-86471-678-9